新时代创新驱动研究书系

产品市场竞争
对企业创新投入的影响研究

张 楠／著

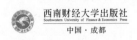

西南财经大学出版社
Southwestern University of Finance & Economics Press
中国·成都

图书在版编目(CIP)数据

产品市场竞争对企业创新投入的影响研究/张楠著.—成都:西南财经大学出版社,2023.8
ISBN 978-7-5504-5869-7

Ⅰ.①产…　Ⅱ.①张…　Ⅲ.①产品—市场竞争—影响—企业创新—投入产出分析—研究　Ⅳ.①F713.5②F273.1

中国国家版本馆 CIP 数据核字(2023)第 138133 号

产品市场竞争对企业创新投入的影响研究

CHANPIN SHICHANG JINGZHENG DUI QIYE CHUANGXIN TOURU DE YINGXIANG YANJIU

张　楠　著

责任编辑:植　苗
责任校对:廖　韧
封面设计:墨创文化
责任印制:朱曼丽

出版发行	西南财经大学出版社(四川省成都市光华村街55号)
网　　址	http://cbs.swufe.edu.cn
电子邮件	bookcj@swufe.edu.cn
邮政编码	610074
电　　话	028-87353785
照　　排	四川胜翔数码印务设计有限公司
印　　刷	郫县犀浦印刷厂
成品尺寸	170mm×240mm
印　　张	11.75
字　　数	271 千字
版　　次	2023 年 8 月第 1 版
印　　次	2023 年 8 月第 1 次印刷
书　　号	ISBN 978-7-5504-5869-7
定　　价	68.00 元

前　言

习近平总书记在党的二十大报告中指出，必须坚持创新是第一动力，坚持创新在我国现代化建设全局中的核心地位，加快实施创新驱动发展战略。

我国经济已由高速增长阶段转向高质量发展阶段，技术创新是提升微观企业价值和促进宏观经济增长的坚实力量。目前，中美贸易摩擦愈演愈烈，逆全球化态势愈发加剧，同时生产要素价格上涨和我国人口红利的逐渐消失，使得我国制造业企业面临前所未有的挑战，作为经济内生增长主要源泉的技术创新，就显得尤为重要。但与普通投资项目相比，企业技术创新具有风险大、周期长、收益不确定性高等特征。在产品市场竞争日益激烈的情况下，企业是否会持续投入资金用来创新，企业是否有意愿、有能力去创新，企业所在地区是否对知识产权有足够的保护，并促进企业创新投入，这些问题已成为学术界和实务界的热点话题。

本书立足于中国国情，基于市场过程理论、创新理论、利益相关者理论、委托代理理论、融资约束等基础理论，从公司治理、融资方式和知识产权保护三个方面对产品市场竞争对企业创新投入的影响进行理论分析。此外，本书以我国2008—2017年沪深A股制造业企业为样本，采用手工收集的技术专家型董事、董事长或CEO技术专长数据，以及手工收集的各省份知识产权行政和司法保护程度的数据进行实证研究。全书得出四个主要结论：①产品市场竞争会促进企业创新投入。②非国有企业、股权及货币薪酬激励、技术专家型董事占比增加会增强产品市场竞争对企业创新投入的促进作用。③内外源融资都对产品市场竞争促进企业创新投入有调节作用，内源融资的调节作用更大；在外源融资中，股权融资有调节作用，债权融资的调节作用不显著。④知识产权行政保护和司法保护对产品市场竞争促进企业创新投入有调节作用。

在我国积极推动创新驱动发展战略实施阶段，本书对于企业在市场竞争中谋求创新发展具有一定的指导意义。本书在撰写过程中，借鉴了国内外专家、学者和实务界人士的理论和观点。由于笔者学术理论水平和经验仍有待提高，本书不免存在许多值得商榷之处，希望相关行业专家、学者和广大读者批评指正。

张楠

2023 年 3 月

目　录

1 导论

1.1 研究背景与研究意义

1.1.1 研究背景

创新是引领经济发展的第一动力①。党的十九届五中全会指出,坚持创新在我国现代化建设全局中的核心地位,把创新贯穿于现代化建设的各个方面,把科技自立自强作为国家发展的战略支撑。我国为实施创新驱动发展战略,构建新发展格局,对企业的技术创新提出了更迫切的要求。技术创新是提升我国微观企业价值和促进我国宏观经济增长的坚实力量,是应对国际大变局和建设科技强国的动力源泉,是形成以国内大循环为主体、国内国际双循环相互促进新发展格局的有力支撑。

我国拥有全球产业门类最齐全、产业体系最完整的制造业,制造业是我国的支柱性产业,是我国经济发展的基石,关乎我国国民经济的生存与发展。党的十八大以来,国家把大力发展制造业和实体经济摆在更重要的位置。我国制造业综合实力持续提升,制造业增加值从 2012 年的 16.98 万亿元提高到 2021 年的 31.4 万亿元,全球占比从 22.5% 提升到 30%,使我国保持世界第一制造大国的地位;我国制造业供给质量大幅提升,以智能手机电视、节能冰箱、新能源汽车等为代表的中高端产品,显著改善了居民的生活质量;我国关键核心技术攻关取得重要进展,在载人航天、火星探测、能源工程、资源勘探

---

① 参考中央人民政府官方网站发布的《习近平:决胜全面建成小康社会 夺取新时代中国特色社会主义伟大胜利——在中国共产党第十九次全国代表大会上的报告》。

等领域实现新突破①。虽然我国制造业自主创新能力有所提高，但是与其他先进国家相比，仍需进一步加强。在科技革命中，要想通过打造具有核心竞争力的制造业，实施"制造强国"战略，从中国制造迈向中国创造，提高企业创新水平至关重要。

企业创新行为不仅与自身战略规划及经营情况相关，也是为适应赖以生存的竞争环境做出的选择。产品市场竞争程度不足，在很大程度上造成了我国企业的创新不足（张杰 等，2014）。为加强市场竞争的公平有序，2018年的中央经济工作会议提出，要"坚持深化市场化改革、扩大高水平开放"，发挥市场资源配置的决定性作用，激发企业的创新活力。

企业创新活动具有风险高、周期长、收益不确定等特征，如何能增强企业在产品市场竞争中的创新投入呢？创新对企业资源的需求较多，企业如何分配资源，受不同制度安排的影响，良好的公司治理模式在技术创新过程中有利于在各个层面形成统一意见，并使资源配置得到增强，即有利于企业建立创新投入的长效机制（党印 等，2012）。企业在具有创新意愿的基础上，也要具备创新的能力，即创新活动需要持续、稳定的资金支持，若企业融资不畅，创新活动就会受到限制，创新研发工作将无法顺利开展，因此企业会通过各种融资渠道满足创新的资金需求。政府对实体企业的创新融资也给予了充分的支持，《中华人民共和国国民经济和社会发展第十四个五年规划和2023年远景目标纲要》中强调，要完善金融支持创新体系，同时要提高金融服务实体经济能力，健全实体经济中长期资金供给制度安排，创新直达实体经济的金融产品和服务，增强多层次资本市场融资功能。

企业经营活动受到政策制度的影响，知识产权保护制度不仅是国际贸易的"标配"，也是我国实施创新发展战略的"刚需"，还是企业为了在竞争中处于优势地位而不断创新的动力和保障。中美贸易摩擦愈演愈烈，其实质是以知识产权为核心的高科技产业之争，我国只有不断提高知识产权保护水平，增强企业创新，才能有效应对国际贸易中的各种摩擦。我国知识产权实行行政和司法"双轨制"保护，近年来提升效果显著。2010—2020年，全国知识产权综合发展指数从100逐步提升至304.7，年均增速11.8%。尽管如此，我国知识产权

---

① 参考工业和信息化部官方网站发布的《"新时代工业和信息化发展"系列发布会开启第一场聚焦"推动制造业高质量发展 夯实实体经济根基"》。

保护力度仍然有待提高，且各地区发展不均衡，东部地区整体优于其他地区①。在党的二十大报告中，习近平总书记围绕知识产权工作做了一系列重要论述，并指出加强知识产权保护是提高中国经济竞争力最大的激励，为知识产权保护工作提供了根本遵循和行动方向。

从以上分析可以看出，我国的制造业企业面临的全球竞争越来越激烈，政府正在大力推进企业的技术创新。那么，产品市场竞争越激烈，企业是否会加大创新投入的力度呢？制造业企业的公司治理情况以及企业不同的融资方式是否会对产品市场竞争和企业创新投入之间的关系产生影响呢？我国各省份的知识产权保护如何，是否能够在产品市场竞争对企业创新投入的影响中起到一定的促进作用呢？这一系列重要的现实问题，正是本书深入研究和探索的重点。

1.1.2 研究意义

1.1.2.1 理论意义

第一，有助于拓展和深化产品市场竞争影响企业创新投入的理论研究。本书基于市场过程理论、创新理论和委托代理理论等相关理论，构建产品市场竞争影响企业创新投入的理论框架。以往文献更多从产业层面研究产品市场竞争对企业创新的影响，而本书在关注企业异质性的前提下，着重研究企业微观层面的影响。本书发现，在我国制造业企业的行业现状下，产品市场竞争和企业创新投入之间有显著的正相关关系，说明对于类似于我国这样的新兴市场，增强产品市场竞争的强度会促进企业加大研发投入力度，这是对产品市场竞争影响企业技术创新的理论研究的拓展和深化。

第二，为了深入理解在中国国情下，产品市场竞争促进企业创新投入还受到哪些因素的影响以及影响的程度，本书又进行了深入的研究，发现企业的创新意愿（企业的治理水平）和创新能力（企业的融资能力）都会对其产生影响。本书立足于我国的实际情况，基于手工收集的独特数据，衡量了我国除港、澳、台地区外 31 个省（自治区、直辖市）2008—2017 年的知识产权行政保护和司法保护的具体情况，发现知识产权保护会显著促进产品市场竞争对企业创新投入的正向作用。这些不仅是对现有研究文献的进一步深化和拓展，还

---

① 参考 2012—2020 年的《中国知识产权发展状况评价报告》。该系列报告是国务院知识产权战略实施工作部际联席会议办公室委托国家知识产权局知识产权发展研究中心，对我国知识产权发展状况开展的评价研究。自 2012 年以来，报告较为全面地收录了知识产权工作的官方数据，综合、客观地反映了我国知识产权总体发展水平和工作成效。

为国家大力推进企业技术创新提供了重要的经验证据。

第三，有助于充实和深化关于经济增长的理论研究。本书深入研究产品市场竞争影响企业创新投入的作用机理和影响因素，并进一步考察产品市场竞争影响企业技术创新及其竞争战略的实现，有助于充实和深化微观企业价值增值和宏观经济增长背后驱动因素的理论研究，为推动我国经济高质量发展提供较好的理论指导。

1.1.2.2　实践意义

第一，有助于企业提高技术创新水平，推动国家创新驱动发展战略更好、更快地发展。本书通过分析我国制造业企业技术创新水平的现状，并基于产品市场竞争的视角，结合逆全球化趋势和我国目前所处的时代背景以及我国制造业的发展情况，提出提升企业技术创新水平的方法，有助于企业改善技术创新水平，推动国家创新驱动发展战略的落地与实施。

第二，有助于提高资本市场资源配置效率。本书基于新颖的视角研究产品市场竞争影响企业技术创新的作用机理及影响因素，有助于投资者和企业更清楚地认识产品市场竞争对企业技术创新的影响，进而提高决策的理性程度，将有限的资源投资到有价值的技术创新项目上。

第三，为政府相关部门制定和推动知识产权保护制度提供理论依据和证据支持，助力我国实体经济高质量发展。本书通过研究我国除港、澳、台地区外31个省（自治区、直辖市）知识产权行政保护和司法保护的程度以及其对产品市场竞争影响企业创新投入的调节作用，得到的研究结论为我国各个地区结合实际情况制定相宜的知识产权行政保护和司法保护制度提供理论基础和经验证据，为实体经济发展提供更高质量、更有效率的实践指导。

1.2　研究思路与研究方法

1.2.1　研究思路

按照奥地利学派的市场过程理论，市场良性竞争是打破市场现有均衡，使得社会迈向更高阶均衡的主要途径。面对产品市场竞争，企业可以采取成本领先战略、差异化竞争战略和集中战略。为了达到这样的战略目标，企业就需要加强创新投入。市场良性竞争的主要实现手段是"新产品""新技术""新的组织制度"等。因此，企业的研发投入和技术创新在一定程度上是产品市场竞争的一种必然结果。在激烈的产品市场竞争下，企业想要加大创新投入力度，会受到外部知识产权保护制度和企业创新能力及创新意愿的影响。本书基于市场过程理论、创新理论、融资约束理论等基础理论，基于中国制造业企业，从产品市场竞争对企业创新投入的影响展开系统、深入的研究。本书旨在讨论四个问题：产品市场竞争是否会促进企业的创新投入？企业的创新意愿即不同的公司治理会怎样调节产品市场竞争对企业创新投入的影响？企业的创新能力即不同的融资方式会怎样调节产品市场竞争对企业创新投入的影响？知识产权保护制度会怎样调节产品市场竞争对企业创新投入的影响？本书按照这四个问题展开如下四个方面的研究：

一是产品市场竞争与企业创新投入。首先，本书研究产品市场竞争对企业创新投入的影响。其次，本书进一步考察了创新投入对企业竞争战略即成本领先战略和差异化竞争战略实现的影响。最后，本书进一步分析了面临不同的产品市场竞争情况，企业增加创新投入对不同竞争战略实现的影响。

二是产品市场竞争、公司治理与企业创新投入。首先，本书分别分析了在不同产权性质、不同高管激励水平、不同技术专家型董事占比作用下，产品市场竞争对企业创新投入的影响。其次，本书进一步分析了在董事长或CEO（首席执行官）在具有技术专长背景和不同股权集中度的情况下，产品市场竞争对企业创新投入的影响。

三是产品市场竞争、融资方式与企业创新投入。首先，本书研究了不同融资方式作用下，产品市场竞争对企业创新投入的影响。其次，本书分别研究了内源融资和外源融资，又将外源融资分为股权融资和债权融资，分别讨论其对产品市场竞争促进企业创新投入的不同影响。最后，本书进一步分析了在不同行业属性和企业不同财务杠杆水平下，产品市场竞争对企业创新投入的具体影响。

四是在知识产权保护的作用下，产品市场竞争对企业创新投入的影响。首先，本书分别研究分析了在知识产权行政保护和知识产权司法保护的作用下，产品市场竞争对企业创新投入的影响。其次，本书分析了在不同细分行业、不同地区的知识产权保护下，产品市场竞争对企业创新投入的具体影响。最后，本书进一步分析了在知识产权保护作用下，产品市场竞争对企业创新产出的影响。

最后，本书总结归纳得出研究结论，并提出相关的政策和建议，指出研究的局限以及未来可能的研究方向。

本书主要的研究思路如图 1.1 所示。

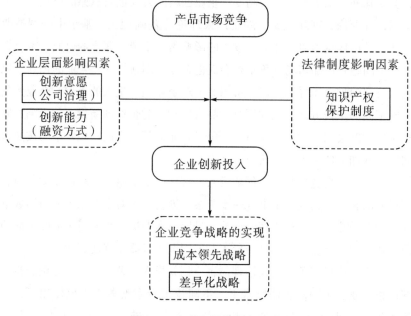

图 1.1 本书主要的研究思路

1.2.2 研究方法

本书采用了理论分析与经验研究相结合的研究方法。在理论分析中，本书基于我国制度背景，借助多种基础理论，融合了归纳总结的研究方式；在经验研究中，本书结合公开的档案数据和手工收集整理的数据，采用描述性统计、多元回归分析、分位数回归等统计分析方法，分别使用倾向得分匹配法、配对方法、更换变量衡量方式、更换样本区间、增加控制变量等方法进行各种稳健型检验，以确保研究结论的可靠性。

1.3 研究内容与结构安排

1.3.1 研究内容

本书基于 2008—2017 年中国沪深 A 股制造业企业的样本数据，手工收集了各省份知识产权行政保护和司法保护程度的数据，并进行实证研究。本书共包括八章，具体内容如下：

第1章导论，主要介绍了本书的研究背景和研究意义，阐述了本书的研究思路和研究方法，规划了各章的研究内容和结构安排，并指出了本书的可能创新之处以及研究的不足和展望。

第2章文献综述，在对国内外产品市场竞争对企业创新投入相关文献梳理的基础上，分别从公司治理、融资方式、知识产权保护三个维度对产品市场竞争影响企业创新投入进行梳理，归纳和总结现有研究的问题，并提出研究方向，为后续研究奠定了文献基础。

第3章制度背景与理论分析，首先从华为投资控股有限公司（以下简称"华为"）在激烈的市场竞争环境中积极进行研发投入作为案例导入；其次从我国企业创新的政策支持与发展现状、知识产权保护制度的政策支持与发展现状、我国制造业的政策支持与发展现状三个方面介绍了本书的制度背景；再次对市场过程理论、创新理论、委托代理理论等基础理论进行了梳理；最后从企业创新能力、企业创新意愿和法律制度环境三个维度构建了产品市场竞争对于企业创新投入的理论分析框架。

第4章产品市场竞争与企业创新投入，首先分析了产品市场竞争对企业创新投入的影响；其次研究了创新投入对企业竞争战略目标实现的影响；最后分析了面对不同产品市场竞争的情况下，企业增加创新投入对不同竞争战略实现的影响。实证研究发现：①我国制造业行业产品市场竞争能促进企业的创新投入。②企业创新投入对成本领先战略目标的实现有促进作用，对差异化竞争战略目标的实现也有促进作用。③在不同的竞争程度下，企业创新投入追求的战略目标存在差异。当产品市场竞争程度较低时，企业降低成本的同时会实施差异化竞争战略；随着竞争程度加剧，由于差异化竞争战略的周期较长，企业可能集中资源追求规模经济从而降低成本。当产品市场竞争程度较高时，专一化经营面临较高风险，企业需要通过差异化竞争战略寻求多个利润增长点。

第5章产品市场竞争、公司治理与企业创新投入，分别分析了在不同产权性质、不同高管激励水平、不同技术专家型董事占比作用下，产品市场竞争对企业创新投入的影响，并进一步分析了在董事长或CEO具有技术专长背景下和不同股权集中度情况下，产品市场竞争对企业创新投入的影响。实证研究发现：①相较于非国有企业，产品市场竞争对国有企业创新投入的正向影响较小。②企业实施股权激励和货币薪酬激励，会加强产品市场竞争对企业创新投入的促进作用。③提高技术专家型董事在董事会中的占比和董事长或CEO有技术专长，都能够显著增强产品市场竞争对企业创新投入的正向作用。④企业股权越集中，在激烈竞争的环境下，其创新投入越多。

第6章产品市场竞争、融资方式与企业创新投入，分析了在不同融资方式作用下，产品市场竞争对企业创新投入的影响，并进一步分析了在不同行业属性和不同财务杠杆水平下，产品市场竞争对企业创新投入的具体影响。实证研究发现：①内源融资和外源融资都对产品市场竞争促进企业创新投入有调节作用。相比外源融资，内源融资的调节作用更大。②股权融资对产品市场竞争促进企业创新投入有调节作用；而债权融资对产品市场竞争促进企业创新投入的调节作用不显著。③制造业中的非高科技企业内源融资越高，产品市场竞争的加剧会促使企业投入更多的资金到企业研发中。高科技企业不仅依赖于内源融资，还会吸收更多的外源融资来促进企业创新投入。④企业在资产负债率较低时主要依赖于外源融资，在资产负债率较高时主要依赖于内源融资，以此来调节产品市场竞争对企业创新投入的促进作用。

第7章产品市场竞争、知识产权保护与企业创新投入，分别分析了在知识产权行政保护和知识产权司法保护的作用下，产品市场竞争对企业创新投入的影响，并进一步分析了不同细分行业、不同地区的产品市场竞争对企业创新投入的具体影响。实证研究发现：①知识产权行政保护和知识产权司法保护都能促进产品市场竞争对企业创新投入的影响。②相较于传统行业，高科技行业对于知识产权保护调节作用更敏感；相较于其他地区，知识产权保护调节作用对东部地区影响更大。③产品市场竞争对企业创新产出也有促进作用，知识产权保护对这种效应的增强存在时滞性，并且行政保护比司法保护的时滞性更长。

第8章结论与建议，总结了全书的主要研究结论，在此基础上结合我国的制度背景和企业的内外部治理情况提出促进企业创新投入的政策建议。

1.3.2 结构安排

根据本书的研究内容，具体的结构安排如图1.2所示。如前所述，本书由以下八章组成：第1章是导论，包含本书的研究背景、研究意义、研究思路、研究方法、研究内容、结构安排、可能创新之处以及研究的不足与展望。第2章是文献综述，涉及的相关文献主要与产品市场竞争对企业创新投入的影响，公司治理、融资方式、知识产权保护对于产品市场竞争对企业创新投入的影响有关，并进一步对文献进行总结与评述。第3章是制度背景与理论分析，在案例导入以及介绍相关制度背景与发展现状后，介绍本书的理论基础并构建理论分析框架。第4章至第7章为本书的实证章节，其中第4章实证检验了产品市场竞争对企业创新投入的影响，第5章至第7章分别从公司治理、融资方式、知识产权保护三个方面实证检验其对于产品市场竞争对企业创新投入的调节作用。第8章是结论与建议，主要是得出本书的研究结论并提出相应的政策建议。

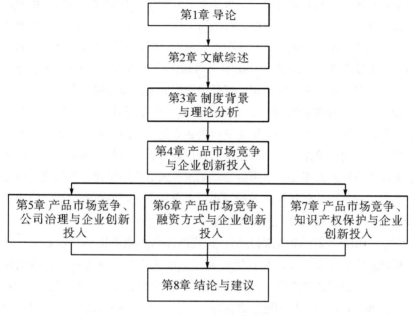

图1.2　本书的结构安排

1.4　研究的可能创新、不足与展望

1.4.1　研究的可能创新

在借鉴前人研究的基础上，本书有一定程度的创新，主要体现在以下五个方面：

（1）基于手工收集的技术专家型董事、董事长和 CEO 技术专长数据，以我国制造业企业为研究对象，深入研究企业的创新意愿对产品市场竞争影响企业创新投入的调节作用，促进企业加深认识引进和培养技术专家型董事对于企业创新投入的重要作用。在企业的创新能力方面，与以往文献主要从融资约束角度展开研究不同，本书是从不同融资方式的角度来探讨产品市场竞争对企业创新投入的影响，并且针对制造业企业在激烈的产品市场竞争下对不同融资方式的偏好进行比较，这对于企业在各种情况下保持稳定且充足的创新资金、保证企业创新活动的平稳发展有着重要的借鉴意义。

（2）基于手工收集的各省份知识产权行政保护和司法保护数据，深入研究知识产权保护对制造业行业产品市场竞争影响企业创新投入的调节作用。本书将我国分为东北、东部、中部、西部四个地区，深入研究知识产权保护在不同地区的调节作用。分地区研究证明了知识产权保护对产品市场竞争影响企业创新投入的促进作用，该结论为我国全面推进"三审合一"深化改革的重要举措提供经验证据，为我国知识产权保护制度的完善提供理论支持。

（3）基于新颖的研究视角，构建产品市场竞争影响企业创新投入的研究框架。与以往静态研究产品市场竞争影响企业创新不同，本书是在市场过程理论基础上，认为竞争是一个不断创造与发现新知识、新机会的动态过程，从微观企业层面分析产品市场竞争影响企业创新投入的作用机理，并从战略角度研究产品市场竞争影响创新投入进而对企业竞争战略实现的影响，系统构建产品市场竞争影响企业创新投入的理论框架。

（4）运用系统深入的研究方法，探究产品市场竞争影响企业创新投入的作用机理及影响因素。与以往直接验证产品市场竞争影响企业创新的研究不同，本书基于公司创新意愿、创新能力和法律制度环境三个维度从公司治理、融资方式和知识产权保护制度三方面探究产品市场竞争影响企业创新投入的作用机理，并进一步考虑相关变量的调节效应，深化了产品市场竞争对企业创新投入的影响因素研究。

（5）从竞争战略选择的角度，考察产品市场竞争影响企业创新投入的价值效应。本书基于成本领先战略和差异化竞争战略考察产品市场竞争影响企业创新投入进而对企业竞争战略实现的影响，有助于投资者与企业管理者进一步理解产品市场竞争影响企业创新投入的作用机理及其产生的经济后果，深化认识产品市场竞争影响企业创新投入的积极作用，更好、更快地推动我国创新驱动发展战略的实施与落地。

1.4.2　研究的不足

本书由于在研究资源和研究能力上的限制，可能存在以下不足：

（1）本书研究公司治理影响产品市场竞争对企业创新投入时，在股东、董事会、高管激励三个层面中只选择了具有代表性的特征来进行研究，并没有完全涵盖。比如，在股东层面，本书着重研究股权性质和股权集中度，但是股权制衡情况、股权质押等也会对企业创新投入产生影响；在董事会层面，本书着重研究技术专家型董事占比和董事长或 CEO 专长的影响，但是独立董事占比、董事会规模等也可能对竞争促进企业创新投入产生影响；在高管激励层面着重研究股权激励，本书并没有更细致地讨论股票期权、限制性股票的影响。未来，我们会进一步更全面地展开研究以缓解现有的局限和不足。

（2）数据衡量误差的影响。本书中企业创新投入的数据是根据 CSMAR 数据库和 WIND 数据相结合整理得来，并且将两个数据库的同一年份同一公司的数据进行核对和匹配，尽可能保证数据的准确性。但是由于创新投入这一指标有可能存在企业漏报情况的影响，数据的缺失值较多，本书的研究可能存在不足。未来，我们会采取手工收集的方式结合更完善的研究数据库来缓解现有的不足。

1.4.3 研究的展望

基于现阶段本书研究的不足和局限性，未来，我们可以进行持续深入的研究。

（1）进一步讨论董事会成员的特征背景对产品市场竞争促进创新投入的影响。首先，我们可以进一步将技术专家型董事区分为技术专家型独立董事、技术专家型执行董事、技术专家型非执行董事，并且分别讨论每一类型的董事对于产品市场竞争对企业技术创新的影响作用。根据胡元木等（2017）和陆正飞等（2015）的研究，每一类型的董事在董事会中的职能不同，起到的作用也不同，对于研发投入产生的增量贡献就不同。

（2）由于知识产权保护程度数据的可获取性，本书暂时只从知识产权行政保护和知识产权司法保护两个方面来进行研究，未来我们还可以继续深入研究各省份知识产权立法制度规范以及知识产权执法的效果，以及其对于产品市场竞争促进企业创新投入的影响；进一步研究知识产权保护对于企业创新产出的影响，以及保护的价值效应；分不同的维度来对比，知识产权行政保护和司法保护哪一个对于企业创新投入的影响更大，哪一个对于企业创新产出的影响更大。

2 文献综述

2.1 产品市场竞争、企业创新投入与企业竞争战略

2.1.1 产品市场竞争与企业创新投入

创新与否是决定企业能否繁荣和可持续发展的重要因素，持续的创新不仅能使企业发展壮大，更是企业增强核心竞争力并获得超额利润的重要手段，而技术的落后可能使企业发展受阻甚至被市场所淘汰。企业直接生存的外部环境即所在行业的产品市场竞争，对企业创新的影响极大。目前，学术界关于产品市场竞争对企业创新投入的研究主要体现在三个方面：一是产品市场竞争促进论——阿罗假说；二是产品市场竞争抑制论——熊彼特效应（Schumpeter）；三是产品市场竞争倒"U"形论——Aghion 假说。

2.1.1.1 产品市场竞争促进论——阿罗假说

在市场经济条件下，企业自成立之日起即面临着行业内各企业之间的竞争，企业不仅要生存还要谋求发展。为了在产业链中取得更好的产供销条件，也为了在商业生态圈中获得更多的市场资源，企业或主动或被动地参与竞争。随着市场竞争激烈程度的不断加剧，企业之间会形成知识竞赛机制，进而提高整个市场的效率。企业为了在竞争中获得优势可以通过创新形成异质性产品，因此市场竞争有利于企业创新；反之，若市场垄断程度提高，则企业更倾向于通过垄断来获取超额利润，而非通过企业创新的方式（Arrow，1962；Boone，2001）。

首先，激烈的竞争使得企业存在被对手侵占市场份额从而被淘汰出局的可能性。异质性资源能够形成企业的竞争优势（Barney，1991）。企业通过更新理念、技术和产品，带来产品的成本优势或差异化特性，产品的异质性使得企业获得并保持先动优势，获得更多的市场资源，以改善企业的经营状况

（Porter，1990；Nickell，1996；Griffith et al.，2006）。在竞争性的市场环境中，企业会加大研发投入力度，进而提高企业的技术更新效率，并获取更有利的优势（Cooper，1976；徐长生 等，2008；王俊，2010；何玉润 等，2015；郑建明 等，2016）。Gu（2016）通过期权模型和经验证据分析得出，研发投入与市场竞争之间存在较强的正相关关系，研发密集型企业对研发投入的预期回报更高。

其次，竞争通过降低代理成本来影响生产效率（Nickell，1996）。在较强的外部竞争压力下，企业为了改善经营情况倾向于披露更多的信息，降低代理成本（Stigler，1958）。随着信息不对称的下降，大股东和管理层通过短视化的金融投资获取私利的动机减弱（杜勇 等，2017），此时企业更倾向于投资关乎自身长远发展的研发活动。解维敏等（2016）实证发现，作为外部治理机制，市场竞争能够缓解冗余资源中的管理层代理问题，对企业研发投入具有促进作用。

最后，在竞争性的外部环境中，企业为获得先动优势和超额回报会进行超前的创新，这能促进生产率和竞争力的不断提高（Carlin et al.，2004；李健 等，2016）。在某一领域创新能力较强的企业，可以进行策略性研发投入（Strategic R&D Policy），通过持续增强特定技术的研发，占据该领域的前沿技术高地。孙文杰等（2009）研究认为，发达国家通过其创新能力向国际市场推出含有前沿技术的产品，掠夺市场份额并且牟取高额利润。同时，竞争性的环境给企业造成市场压力，这种优胜劣汰机制激发企业内在动力，企业为了形成竞争优势，通过研发创新化被动竞争为主动竞争（曹前有，2008；李健 等，2016）。不仅国外学者 Nickell（1996）、Carlin 等（2004）、Okada（2005）、Griffith 等（2006）、Hashmi（2013）等根据英国、日本、美国、OECD 国家和24 个转型国家企业数据得到了市场竞争促进创新的结论，我国学者还通过不同的研究视角和不同的模型得出了类似的结论，如张杰等（2014）以微观层面的研究视角实证结果发现，产品市场竞争可以促进企业创新研发。

2.1.1.2　产品市场竞争抑制论——熊彼特效应（Schumpeter）

市场占有率高的企业尤其是垄断性企业，融资渠道多样、风险承担能力强，能承受相对高额的研发投入费用，而产品市场竞争会使企业预期的创新研发收益降低，抑制创新活动的开展（Schumpeter，1942；Cornaggia et al.，2015）。熊彼特（1942）在《资本主义、社会主义和民主》中将产品市场竞争与企业创新投入联系起来加以研究，认为垄断有利于创新，产品市场竞争对企业创新投入有负向影响；大规模企业的创新投入会显著高于小规模企业，创新与市场集中度之间有正相关关系。熊彼特认为，垄断企业或大规模企业的风险承担能力更强，所面临的不确定性会更少（Tang，2005）。因为其能凭借市场力量享有充分的创新收益，所以能够激励其进行创新；同时其垄断利润为研发活动提供了必要的资金，因此能够承受投入高额的研发费用。Gilbert 和 Newbery（1982）分析认为，垄断企业为避免垄断租金耗散，会继续以创新的方式来维持和巩固市场势力，因此垄断对企业创新有促进作用。Aghion 和 Howitt（1992）通过构建理论模型，试图将"熊彼特效应"这一思想理论化。

Chen 和 Schwartz（2013）研究发现，垄断企业比非垄断企业更有动力开展产品创新；Acemoglu 和 Cao（2015）也发现，垄断程度越高的企业会进行越多的研发投入。一方面，垄断企业能够投入巨额的研发费用，承受创新研发失败的损失，承担推广研发成果的成本，也具有更大的研发能力，进而有更大的可能性获取后续超额收益。Crépon 等（1998）研究发现，竞争环境或竞争对手的研发努力会对企业的研发行为产生负面影响。Blundell 等（1999）认为，竞争会阻碍创新。Campante 和 Katz（2007）发现，多市场条件下的竞争和创新存在负向关系。另一方面，随着竞争的加剧，产品技术的更新会加速，创新研发的成果可能很快被替代或者被抄袭，结果将使创新成果所获得净收益的获利时间减少，净收益额降低，由此减弱了企业的创新积极性（Grossman et al.，1991）。

国内部分学者同意熊彼特所提出的观点，并加以研究验证。柯东昌（2012）通过2007—2010年深市中小板和创业板上市公司研发投入的1 260个观测数据研究发现，总体上看，产品市场竞争与企业创新研发投入强度呈反向相关。赵纯祥和张敦力（2013）对市场竞争下的管理者权力与企业投资关系进行研究，通过分析我国A股上市公司数据发现，管理者权力及寻租能力与企业投资呈正相关，而产品市场竞争在管理者权利对扩张企业的投资方面起到抑制作用。

2.1.1.3 *产品市场竞争倒"U"形论——Aghion 假说*

在产品市场竞争对企业创新投入影响的关系中，除促进论和抑制论外，部分学者认为还呈现倒"U"形关系。不同的竞争条件下，企业会根据收益的效果对创新投入进行决策（Aghion et al.，2005）。在初始阶段竞争较弱，企业为获得更大的盈利会加大创新投入力度；而当竞争过于激烈时，企业既要面对大笔创新研发费用，承担可能的创新失败损失，还要面对从研发中获得创新收益减少的情况，此时企业会减少创新，表现出"熊彼特效应"（Aghion et al.，2005）。

创新投入的增减随着具体的市场条件和环境发生变化，在不同的竞争条件下，企业会根据收益的效果对创新投入进行决策（Aghion et al.，2005）。Scherer（1967）、Mansfield（1968）、Kamien 和 Schwartz（1982）分析得出市场结构和创新存在着倒"U"形关系，并且存在一个临界值：当企业规模比临界值小时，研发强度在不断增强；当企业规模比临界值大时，研发强度随之减弱。Culbertson 和 Mueller（1985）通过对食品行业的分析，也验证了研发投入与行业集中度之间的倒"U"形关系。Bondt 和 Vandekerckhove（2012）、Jefferson 等（2006）通过实证研究也得出类似的结论。

产品市场竞争与企业创新投入之间的关系，也是我国学术界争论的焦点。我国改革开放以来市场经济快速发展，但毕竟时间相对较短，行业结构尚不完备，产业竞争尚不充分，在我国当前的国情下，部分学者认为产品市场竞争与企业创新呈倒"U"形关系。寇宗来和高琼（2013）通过对我国规模以上工业企业的数据进行研究后认为，企业规模和市场集中度与企业的研发支出之间存在着显著的倒"U"形关系。熊艳（2014）在研究民营金字塔结构、产品竞争市场与创新投入关系时发现，产品竞争市场对于研发存在着倒"U"形的影响。程宣启和朱军生（2015）通过对 539 家重度污染行业中的上市公司2008—2013 年面板数据进行研究后发现，市场竞争与企业绿色创新之间呈现出倒"U"形关系。徐晓萍等（2017）在市场竞争下国有企业与民营企业的创新性差异研究中发现，市场竞争与企业创新活动呈现倒"U"形关系，这种关系在民企中更陡峭，低竞争环境促进创新活动，高竞争环境下抑制创新投入。聂辉华等（2008）、樊琦等（2011）、孙菁等（2018）通过实证研究也得出类似的结论。

2.1.2 企业创新投入与企业竞争战略

20 世纪 80 年代初期，迈克尔·波特为帮助企业分析行业情况、预测行业变革方向、理解竞争过程中的对手行为和自身地位，提出了企业的竞争战略理论。他将竞争战略分为三大通用战略：总成本领先战略、差异化竞争战略和集中战略。其中，前两种战略是拟在整个行业范围内实现目标，而集中战略是在特定细分领域实现产品的差异化或者低成本或者两者兼而有之（Porter，1980）。竞争战略是企业在面对产品市场竞争时想要在竞争中获得优势的主要措施，并且其对企业绩效有正向影响（Spanos et al.，2004；Allen et al.，2006；Pertusa-Ortega et al.，2009；郑兵云 等，2011）。从实践情况来看，企业在创新项目上需要资金的持续投入，因为在激烈的市场竞争环境中，产品的使用期会不断缩短，产品的更迭速度会不断加快，只有不断创新才能使企业占据市场中的领先地位；同时，产品在生产过程中投入的成本与其在设计、服务、供销等方面投入的成本成反比，前者在总成本中的比例会越来越低，后者则呈现逐渐走高的态势（颉茂华 等，2016）。

成本领先战略主要从三个方面来体现，即企业的运营效率、产品服务价格的竞争优势、运营及管理费用的严格控制。首先，在激烈的竞争环境中，实施成本领先战略的企业更具竞争力（陈收 等，2014），而在长期的经营过程中，企业的过程创新、规模经济等方面塑造了企业的成本优势（任娟 等，2012），因此企业可以通过提高资源利用效率和降低成本来追求成本领先战略（Hambrick et al.，1984）。其次，企业还可以通过创新投入，完善产品生产过程中的工艺程序，生产标准化产品，在成本投入方面进行有效管理，放弃非必要的高成本业务，采取降低成本的方法来取得市场竞争中的优势并占领更多的市场份额，提高企业的利润，从而实现"低成本、较高利润"之间的良性循环（Porter，1980；雷辉 等，2013）。

部分学者认为，实施成本领先战略的企业不需要过多关注创新，并且该战略会抑制企业的技术创新（刘昌华 等，2021）。这是因为，成本领先战略要求企业尽最大可能地降低成本，严格控制成本和费用，在研发、服务、推广等各方面实现最小的成本（Porter，1980）。同时，Miles 等（1978）认为，实施成本领先战略的企业不愿研发新产品和开发新市场；鲍新中 等（2014）则认为，成本领先战略与研发投入的关系不显著。但这并不意味着实施总成本领先战略要排斥创新；相反，企业要通过创新来改变成本的驱动要素，进而保持低成本优势。产品市场竞争激烈，技术更新迭代，技术变化可能会使过去的投资失去效用。企业为了实现成本领先战略，就要为保持低成本优势承担代价，即企业需要及时对设备进行更新换代，以满足新技术的要求（Porter，1980）。不过企业应更侧重于对现有产品细节的更新而不是开发新的产品，因为技术颠覆性的变化可能会失去低成本的优势（O´regan et al.，2005）。

差异化竞争战略主要体现为行业认可的独特的产品或者服务等，该战略的实施方法包括独特的设计或产品形象、功能、技术实力、客户服务等方面（Porter，1980）。Mintzberg（1988）进一步把差异化竞争战略的方式分解为六种：价格、市场形象、产品设计、质量、支持差异化和无差异化。企业的差异化竞争战略可以提升客户的满意度和忠诚度，可以使企业有效地降低客户对于价格的敏感性，让企业保持持久的竞争优势（李健 等，2012）。由于差异化竞争战略的产品存在生命周期短的特点，所以企业在实施这一战略时需要保持长期性的创新投入（李健 等，2012）。首先，差异化竞争战略要求企业快速准确地捕捉、挖掘客户的个性化需求（柴才 等，2017），并针对不同市场环境及时更换调整自己的产品、服务、销售等。其次，差异化竞争战略实施重点就是产品、服务等的差异化，而要想实现差异化，就要持续地进行技术创新（刘昌华 等，2021）。该战略的优势就在于，通过这种为客户提供的独特价值而获得溢价收益（任娟 等，2012）。

企业根据不同情况可以选择不同的竞争战略，创新投入对于实现竞争战略的重要性得到了部分学者的认同。针对成本领先战略，主要是通过投入先进的工具或设备、淘汰落后或高能耗设备、对设备进行技术改造等工艺创新方式，提高企业运营效率（石盛林 等，2011），降低生产过程中的成本费用，抵御激烈的市场竞争。章钰（2010）通过对浙江闰土股份有限公司的案例研究发现，创新投入使成本驱动因素朝着有利于企业的方向发生变化，为成本优势打下基础。针对差异化竞争战略，技术创新通过扩展和优化现有技术使得产品在性能上有所优化（O´Connor，2006），提高了产品质量以及工艺和服务的水平（Sorescu，2003）；同时，企业不能只局限于当前的竞争需求，更要有远见地通过研发投入开发新产品或者新市场，重新构建竞争秩序，保持竞争优势（蔡瑞林，2014）。

2.2 产品市场竞争、公司治理与企业创新投入

在激烈的产品市场竞争环境下，企业是否投资于某创新项目与企业治理机制是否完善有很大关系。公司治理结构或机制是企业创新的制度基础（Belloc，2012），决定了企业如何将人力和财力进行组合。因此，公司治理机制对创新投入有着重要的影响（冯根福 等，2008；O´Connor et al.，2012；鲁桐 等，2014）。本节从股东层面、董事会层面、经理人层面对已有文献进行梳理。

2.2.1 产品市场竞争、股权性质与企业创新投入

创新对企业资源的需求较多，企业如何分配资源受不同制度安排的影响，良好的公司治理模式在技术创新过程中有利于在各个层面形成统一意见，并使资源配置得到增强。在公司治理研究中，股权结构尤其重要，对企业技术创新起着关键作用。良好的公司治理有利于企业建立创新投入的长效机制（党印 等，2012）。创新让企业保持长期竞争力，是经济可持续增长的重要方式之一（张杰 等，2014）。

在市场竞争环境下，不同所有权性质的企业在创新投入等方面存在差异，学者在"国有企业的创新能力是否比非国有企业的创新能力高"这方面存在几种不同的观点。持肯定论的学者认为，国有企业的创新绩效高于民营企业（李政 等，2014）；持否定论的学者认为，国有企业持股比例越高，越会降低其技术创新能力（冯根福 等，2008），非国有企业在创新投入和创新效率等创新能力方面更强（周黎安 等，2005；吴延兵，2012）；持倒"U"形论的学者认为，随着国有控股比例的上升，企业创新能力会呈现先提升后下降的情况（林莞娟 等，2016）。竞争的市场环境能够激发国有企业创新研发效率，但是非国有企业比国有企业对于市场竞争的认知更敏锐，创新动机也更强烈（赵兴庐 等，2014；唐跃军 等，2014；余明桂 等，2015），非国有企业的创新意愿和创新效率明显高于国有企业（董晓庆 等，2014；赵兴庐 等，2014；龙小宁 等，2018）。

在外部市场竞争愈发激烈的情况下，国有企业拥有的很多优势为其在市场竞争中抵挡了诸多压力。国有企业有政府作为后盾，使它能够更容易获得广泛的社会资源，但是可能创新动力不足（何玉润 等，2015），创新产出较少（Wei et al.，2017），缺乏创新效率（Lin et al.，2011；李婧，2013；李小胜 等，2013；龙小宁 等，2018）。栾强等（2017）发现，国有企业创新缺少激励机制，同时政府和企业也存在因信息不对称而引发的委托代理问题。

鲁桐和党印（2014）运用 1 344 家不同行业沪深上市公司的数据研究发现，资本密集型行业中，国有企业为第一大股东的持股比例和创新投入呈现正向关系，良好的市场化竞争环境是推动企业创新的外部力量。吴延兵（2012）通过对国内省级工业企业 6 年的数据进行分析，认为民营企业比国有企业在创新研发投入、研发收益上效果更好。廖中举等（2014）认为，由于民营企业通常面临过度的市场竞争，较大的外部环境压力会驱动其实施更丰富的技术创新措施。

温军和冯根福（2012）运用 923 家上市公司的数据研究发现，民营企业中的机构投资者持股增加了企业的创新研发工作，国有企业中的机构投资者持股对企业创新表现出明显的负效应。唐跃军和左晶晶（2014）根据国内上市公司数据研究认为，在持续高水准的创新投入上，民营企业比国有企业的态度更加积极。李文贵和余明桂（2015）在研究民营化企业股权结构对创新的影响时发现，民营化企业中非国有股权比例与企业的创新活动正相关。

此外，在市场竞争环境下，股权集中度对公司创新投入起着重要的作用。针对股权集中度对创新投入的影响，一部分学者认为是促进作用（Félix et al.，

2017；鲁桐 等，2014；刘华芳 等，2014），另一部分学者认为是抑制作用（王文华等，2014），还有一部分学者认为股权集中度和企业创新投入之间存在非线性关系（Li et al.，2010），也可能呈倒"U"形关系（肖利平，2016），股权集中度并非越高越好，应该在一个合适的范围内（刘振 等，2018）。

2.2.2 产品市场竞争、高管薪酬与企业创新投入

最优契约理论认为，业绩薪酬能够很好地协同管理层利益和股东利益（解维敏，2018），所以企业可以通过建立合适的高管薪酬激励措施，通过管理层的经营决策促进企业的创新。市场化改革进程增强了国有企业经理薪酬对企业业绩的敏感性（辛清泉 等，2009），有效的产品市场竞争环境是股权激励政策有效的重要制度基础（沈红波 等，2012）。由于创新研发具有周期长、高风险、不可预测的特点（Holmstrom，1989；顾海峰 等，2021），不成功的创新尝试会存在使公司资产减值甚至破产的可能性（Martin et al.，2007），这可能对管理者的声誉和收益能力产生负面影响（Fama，1980）。同时，企业创新投入存在着大部分费用化和收益滞后性的特征，会直接导致当期收益的下滑（刘振 等，2018）。此外，若要维持管理创新战略，管理者需要不断学习，这增加了管理者的个人成本，使其缺少推动创新的主动性。因此，管理者更倾向于短期和稳定的绩效提升，更偏爱能短期内直接带来经济利益的活动，而不是周期长、风险高的创新活动（孙自愿 等，2021）。

为了提高任期内的当期收益，管理者存在着降低企业研发投资的机会主义行为（Aboody et al.，2000），所以设计能激励管理者提高企业创新投入的薪酬机制就显得尤为重要（顾海峰 等，2021）。Manso（2011）研究认为，短期容忍创新失败的风险和长期给予丰厚的回报是激励创新最有效的方式。企业可以通过设计合理的内部激励机制，降低管理者的机会主义倾向（Jensen et al.，1976；Lin et al.，2011），补偿管理者进行研发创新投入可能带来的短期收益损失（Cheng，2004）。孙自愿等（2021）研究发现，对高管的薪酬激励能够促进企业的创新活动（李春涛 等，2010；卢锐，2014）。管理者薪酬激励主要分为货币薪酬激励和股权薪酬激励。传统激励理论认为，货币薪酬是提升短期业绩的有效激励工具（刘振 等，2018）。货币薪酬激励与企业研发创新效率呈显著正相关关系（陈修德 等，2015）。廖中举等（2014）在分析企业创新激励措施的影响因素时发现，一次性货币化奖励能够提高科技人员的满意度。

刘振（2014）通过对高新技术企业进行研究发现，CEO 的年薪报酬和企业的研发投资强度之间呈现出正相关关系，对经理人的短期薪酬激励能够促进

企业研发项目的投入（刘华芳 等，2014），短期报酬对管理层创新投入的激励作用比长期薪酬的激励作用更大（唐清泉 等，2009）。梁彤缨等（2015）通过对中国工业上市公司的样本数据进行研究发现，管理层的货币薪酬激励会对企业的创新研发产生一定的负面影响。

学者们对于股权激励是否能促进创新研发并未形成统一的观点。

一方面，部分学者认为，实施股权激励计划能够促进企业创新（Lerner et al.，2007；刘运国 等，2007；文芳 等，2009；Armstrong et al.，2012；谭洪涛 等，2016；田轩 等，2018；王莉 等，2019）。刘伟等（2007）研究发现，在高科技企业中，持股的高管有更强的动机增加企业的研发投入。唐清泉等（2009）认为，股权激励与研发活动呈显著的正相关关系，管理者持股能使其从公司的长远利益角度出发，增加研发投入。管理层激励能缓解管理层与股东之间的代理问题，使其更着眼于企业长远利益（孔东民 等，2017）。在股权激励方案中，经理人的薪酬和公司未来发展关系密切，使得经理人在考虑企业短期绩效的同时，也要考虑与自身利益相"捆绑"的企业的长期绩效。股票期权激励行权期越长，力度越大，激励效果就越明显（王姝勋 等，2017）。

另一方面，部分学者认为，股权激励可能会对企业创新产生抑制作用，或者呈现倒"U"形关系。股权激励使得管理层的财富受到股价的影响，进而可能导致管理层对风险规避，增强其短视行为，降低其创新动力，减少创新研发（Coles et al.，2004；He et al.，2013；Fang et al.，2014；Chemmanur et al.，2014）。Kim 和 Lu（2011）研究发现，在低产品市场竞争中，高管股权激励和研发支出及企业价值呈现倒"U"形关系。梁彤缨等（2015）研究认为，管理层股权激励与企业研发效率呈倒"U"形关系。

为缓解由于信息不对称带来的委托代理问题，高管薪酬激励机制逐步由偏重短期的货币薪酬激励转向注重长期的股权激励机制，或采用货币和股权激励相结合的方式（王文娜 等，2020）。考虑到两种激励方式的不同特点，刘振和刘博（2018）认为，在设计管理者薪酬组合时，应以"股权薪酬为主，货币薪酬为辅"；为避免股权薪酬激励中管理者发生的"侵占行为"，应控制管理层股权薪酬在合理的范围内；为提高货币薪酬对于管理层的激励作用，应将企业创新投入纳入短期业绩考核范围内，以增加创新投入在企业短期考核中的权重。

2.2.3　产品市场竞争、技术专家型董事与企业创新投入

董事会是公司治理结构的核心（冯根福 等，2008），是企业与外界接触的

"阀门"（Pfeffer，1972；Williamson，1984），董事会对企业创新有重要的影响。一方面，董事会的规模是影响企业创新投入的重要因素（肖利平，2016），独立董事的引入有助于提升董事会关于技术创新的决策质量（冯根福等，2008）。另一方面，董事的能力对企业创新影响很大。王营和张光利（2018）认为，董事会引入人才和引入资金之举，对民营企业的创新水平有显著作用；何强和陈松（2013）研究发现，董事的创新偏好越强，企业的创新投入力度越大；通才型的领导者更有利于企业的创新（赵子夜 等，2018）。

高管对于公司的战略和决策起到重要的作用，技术高管对于企业技术效率提升有着明显的影响，一般而言，给予企业充足的研发资金支持，提高技术人员占比等可以促进企业技术效率的提高（韩忠雪 等，2014）。文芳等（2009）研究发现，企业高层管理人员的受教育程度和技术经验与企业研发投入强度呈现正相关关系。韩忠雪等（2015）研究发现，民营企业的技术高管能够促进企业技术效率的提升，在市场化程度越高、制度越完善的区域，技术高管对企业技术效率发挥的作用更加明显。樊钱涛等（2008）通过对研发团队知识创新效率影响机制的研究发现，研发团队的相近特征对于企业创新具有重要作用，团队相互信任可以在一定程度上提高知识创新效率。王雪莉等（2013）研究表明，高管团队中的职能背景如果存在较大差异，在一定程度上不利于提升企业绩效，以"生产型"为职能背景的高层管理者，因其专业性较强，对企业长短期的绩效有着正面的影响。

鉴于企业领导者对企业战略有效实施的作用越来越重要，越来越多的学者投入企业领导者技术专长研究中。朱焱等（2017）研究发现，技术型高管凭借对企业技术发展和规划的明确认识，与股东的利益更趋于一致，能够主动寻求创新项目，引领技术的创新发展。胡元木（2012）研究发现，部分上市公司在已增加研发投入的情况下，并未如期带来创新水平的显著提升，但是聘请技术独立董事的企业在一定程度上提升了研发产出效率，并且在技术执行董事和技术独立董事的共同作用下，研发投入产出的效率更高。Roberts（2001）研究发现，日本企业中首席科学家的身份使得超过九成的首席技术官能够进入董事会（Suzuki，2009），并且推动企业的关键研发（Adler et al.，1990）。

我国目前公布的《上市公司独立董事规则》对独立董事的任职条件只规定了"至少包括一名会计专业人士"，对其他背景暂时未做要求。胡元木等（2017）认为，技术专家型董事指的是有专业技术特长的董事，他们将"领导才能"与"技术商人"的特质有机融合，是同时具有战略和管理责任的首席技术官（Adler et al.，1990；Tietze et al.，2007；Medcof，2008）。技术专家型董事了解行业发展前景，可以针对创新项目发展领域提出自己的专业观点，使企业采取与行业同步的战略（Haynes et al.，2010）。技术专家型董事通过提供专业知识和经验，有利于提升董事会的管理监督水平（胡元木 等，2016）。胡元木等（2017）研究发现，技术专家型董事能够通过创新效率的部分中介作用促进企业绩效，同时在将技术专家型董事分为不同类型后发现，其都对提升创新效率有着显著作用。技术独立董事能够促进企业研发投入，并推动企业持续创新（许永斌 等，2019）。

在企业创新方面，技术型董事能发挥专家效应（汪延明 等，2014），对企业创新水平提升的推动作用越发凸显（胡元木 等，2017）。对于董事技术专长对企业创新活动之间的促进作用，已有学者从抑制管理层操控研发费用（胡元木 等，2016）、提升创新技术效率（韩忠雪 等，2014；胡元木 等，2017）、增强企业投资强度（文芳 等，2009）等多个方面进行了研究。

2.3 产品市场竞争、融资方式与企业创新投入

在激烈的产品市场竞争中，企业需要加大创新投入力度。技术创新是创造力与资本的结合，创造力无法离开资本形成新的生产力（Schumpeter，1912），创新活动需要持续、稳定的资金支持，若企业内源融资不足或外源融资不畅，创新活动就会受到限制（韩剑 等，2013），研发工作将无法顺利开展。融资约束会对企业创新投入产生抑制作用（张杰 等，2012；谢家智 等，2014），为防止创新资金的不足，企业会采取各种方式进行融资。本节分别从内外源融资和不同外源融资作用下，产品市场竞争对企业创新投入的影响两方面对现有文献进行总结。

2.3.1 产品市场竞争、内外源融资方式与企业创新投入

创新活动需要稳定的资金支持，融资约束会抑制企业的创新研发活动（Brown et al.，2009；鞠晓生 等，2013）。学者们从不同的企业规模、所有制类型、企业年龄等异质性特征分析企业融资约束和创新研发之间的关系（韩剑 等，2013）。徐宝达等（2017）认为，融资约束是企业面对竞争压力进行创新过程中的外部条件，良好的条件有利于创新，反之则不利于创新，融资约束会负向调节竞争对于过程创新和产品创新的促进作用。

创新投入从融资渠道角度分为内源融资和外源融资。根据 Myers（1984）

的"啄食顺序理论",企业融资一般采用的顺序是:内源融资、债务融资、股权融资。由于企业创新活动的高风险性和内外部信息不对称性,企业很难通过外部融资渠道获得充足有效的资金支持,从而可能会产生融资缺口和创新投入资金不足的问题(Nelson,1959;Hall,2002)。因此,更多企业创新资金来自内部,需要企业长期且持续性地投入(张杰 等,2012;段军山 等,2021),而内部资金流是创新的主要融资渠道(Himmelberg et al.,1994;Hall,2002;鞠晓生 等,2013)。由于公司外源融资成本较高,持续高额持有现金能够在不降低公司业绩的情况下支持公司的成长,是高成长公司的最优策略(Mikkelson et al.,2003)。充裕的现金使公司可以通过加大研发投入力度等方式实施产品市场竞争战略,或对竞争对手产生威慑力并制约潜在行业竞争者进入和竞争对手潜在的产能扩张,从而改变市场竞争结果(杨兴全 等,2015)。市场竞争越激烈,企业越需要持有内部资金以预防风险。

但是用于企业创新的内部资金是否充足可能不太确定,而创新活动的调整成本很高,突然中断后再延续可能都会让企业承担很大的损失(Hall,2002)。为了保证资金的稳定性和企业创新的平稳发展,外源融资也是企业重要的融资方式,金融市场通过给企业提供较低成本的资金促进经济的发展(Levine,1997;Rajan et al.,1998)。首先,金融市场对稀缺资源能够有效分配,在风险配置方面占有优势,尤其是股票市场兼具利益激励和投资退出机制的优势(钟腾等,2017)。其次,金融市场能够对经理人进行有效监督,通过降低道德风险和逆向选择来降低外源融资成本,从而促进创新(Hall et al.,2010)。因此,企业仅依靠内源融资无法满足创新投入的资金缺口,需要持续进行外源融资,保证研发项目的顺利进行(谢家智 等,2014)。如果企业面临激烈市场竞争的同时又受到融资约束,其会显著降低协同研发的概率(周开国 等,2017)。

目前,学者们对于企业主要是依赖于内源融资还是依赖于外源融资尚未达成一致意见。部分学者认为,创新过程的监管成本较高,由于外部投资者难以对项目优劣进行评估,会要求更高的风险溢价进而推高了外源融资成本,而较高的外源融资成本要求企业需要储备有充足的资金来维持。尤其是我国创新最为活跃的技术密集型企业,创新投入大,对创新需求高,对银行债权资金依赖度也较高(王满四 等,2018)。企业创新成果大部分为专有技术或专利等无形资产,而无形资产对外部传递的"软"信息可能会造成外部创新资金供求双方的信息不对称,为缓解外源融资的逆向选择和道德风险,企业更偏好于内源融资(刘振 等,2018)。Bhattacharya 等(1983)认为,利用外部融资对于企业来说是不符合战略原则的，因为这有可能将技术创新相关信息泄露给其他竞争者，对于小企业来说后果尤为严重。贺勇等（2011）研究发现，在面对融资约束时，企业集团内部资本比外部资本在为成员企业提供创新资金方面更为便利。Brown 等（2009）通过对美国高科技企业研究后发现，大企业的创新投入主要靠内部资金，缺乏内部资金的中小企业主要靠股权融资。但也有学者认为，相比企业极为有限的内部资金，企业创新活动更依赖于外部融资（韩剑等，2013）。石璋铭等（2015）研究发现，部分战略型新兴产业的企业创新投入十分依赖于外源融资，通过银行贷款可以缓解其融资约束，加大企业的技术创新力度。

2.3.2 产品市场竞争、不同外源融资方式与企业创新投入

企业的创新研发活动在很大程度上依赖于能否获得足够的外部股权和债务融资（Brown et al.，2009），而阻碍我国企业创新的一个重要原因就是企业缺乏稳定持续的融资渠道（马光荣 等，2014），因此发展多元化的融资渠道非常重要。一方面，金融市场能够发挥价值发现功能，将资源配置给最具创新价值的项目，通过将创造力和资本有机结合推动企业创新；另一方面，金融市场融资可以发挥风险分散功能，将创新研发的高风险分担给最具承受力的投资者，在投资者承担与风险收益匹配的同时，获得稳定的创新资金支持（张一林 等，2016），这种风险分担作用有助于企业的创新投入（Tian et al.，2014）。Rajan和 Zingales（1998）研究发现，金融发展通过降低公司的外部融资成本对经济增长有促进作用。金融市场的发展对创新有重要的作用，企业外部融资方式主要包括股权融资和债权融资两种方式。股权融资不需要企业提供担保品和抵押物，不会增加企业的财务负担；债权融资投资人风险偏好低，一般需要抵押物，并需要企业定期偿还本金和债务。学术界关于股权融资和债权融资谁更能促进企业技术创新这一问题存在争议（Levine，2002）。

两种不同的融资方式对于产品市场竞争对企业创新投入的影响不同。针对债权融资对企业创新的影响，学者们并没有达成统一的意见。一部分学者认为，外部负债融资会促进企业的研发活动（Chiao，2002；David et al.，2008；李后建 等，2015）。受到银行融资紧缩政策冲击更大的企业，企业研发支出增长会更慢甚至中断（马光荣 等，2014）。江轩宇等（2021）研究认为，债权融资能显著促进企业创新，但是产品市场竞争会在一定程度上削弱这种促进作用。

还有一部分学者认为，外部负债融资很难成为支持企业创新投入的有效资

金来源（Stiglitz et al., 1981；Hall，2002），银行借款不利于企业创新投入（肖海莲 等，2014；徐飞，2019）。首先，企业的创新投入更多体现的是知识资产、人力资本等无形资产的投资（Hall et al., 2010），这些无形资产有限的抵押价值使得银行对贷款使用受到限制（Brown et al., 2009）。其次，债权融资中并不存在价格反馈机制。Rajan 等（2001）认为，银行在提供资金的过程中，由于信息不对称且缺乏价格信号，银行资金支持的公司可能持续投资回报不理想甚至亏损。银行要承担创新失败的损失，但是却不能分享创新成功的收益（Stiglitz，1985），收益与风险的不对等会降低银行债权融资对企业创新活动支持的积极性（徐飞，2019）。尽管信贷融资效果可能不理想，但是不断扩张的银行业的资金规模可以提升信贷总量，帮助企业发展，有助于解决企业在发展中的资金问题（Claessens et al., 2003），这种支持在一定程度上对企业创新发展起到扶持促进作用。

相对于债权融资，部分学者认为，股权融资是更适合创新的融资方式（张一林 等，2016；钟腾 等，2017），无论经济处于上行期还是下行期，股权融资都能促进技术创新（张岭，2020）。首先，股权融资具有长期性，企业可以从事具有一定周期性的创新研发，面临的清算风险显著低于债权融资（张一林 等，2016）。其次，虽然外部投资者由于很难获得企业创新项目前景的明确信息（Rajan et al., 2001），无法对创新项目做出有效评估，但是股权市场可以通过股票价格反映相关信息（Grossman，1976），缓解投资者和企业之间的信息不对称压力。再次，股票市场具有风险配置功能，将可以承担高风险的投资者与高收益的项目有效匹配，为创新项目提供融资（Levine，2005）。最后，股权融资不需要抵押物（Brown et al., 2009），不会增加企业可能面临的财务困境。

海本禄等（2021）研究认为，不同外源融资方式对企业技术创新的影响有显著差异，对于融资约束较高和技术密集型企业，股权融资能激励企业的创新，但信贷融资会抑制企业的创新。随着股票市场的发展，对于外部融资依赖型行业公司创新产出的提升空间更大（钟腾 等，2017）。但也有学者认为，股权融资对创新投入有抑制作用（王娟 等，2014），股权融资会将企业经营过程中的负面信息传递出去，提高了融资难度和融资成本，所以企业没有将股权融资作为外源融资的首选（郭田勇 等，2021）。吕峻等（2021）认为，不同融资方式在支持企业创新方面各有优势，企业应根据发展阶段和创新类型等实际情况，选择合适的融资方式。

2.4　产品市场竞争、知识产权保护与企业创新投入

创新是保持经济持续增长的动力，知识产权保护制度是激励创新的重要制度安排（龙小宁 等，2018）。Li 和 Tang（2010）认为，在知识产权保护相对薄弱的国家，创新研发被视为企业有风险的战略（Maskus，2000），知识产权没有受到应有的尊重，专利成果被剽窃的现象很多，使得企业创新投入血本无归（潘越 等，2016）。企业若不能从创新中获利，那么进行创新投入的意愿就会下降，社会总的创新投入也将降低。知识产权保护是维护良好的市场秩序、保障企业创新和技术进步的重要前提（张三保 等，2012）。为了有效缓解由于创新的外部性特征导致的创新不足，国家大力支持企业创新可以从推动知识产权保护着手。

加大知识产权保护力度可以降低创新知识被模仿的威胁，增强创新技术的专有性，加强对技术专利权的重视程度（潘越 等，2016），对创新活动有正向影响（何丽敏 等，2021；于洋 等，2021）。关于知识产权保护对企业创新的影响，部分学者认为，知识产权保护可以降低创新知识被模仿的威胁，保证创新成果的排他性（Ang，2010），提高企业创新能力（吴超鹏 等，2016）。Krammer（2009）研究发现，东欧转型国家的知识产权保护对技术研发创新起到积极作用。Lo（2011）研究认为，加强知识产权保护不仅能提高企业创新投入及产出的水平，还能促进外商的直接投资。不仅跨国数据证明了以上观点（Allred et al.，2007），我国现阶段有关增强知识产权保护的研究也证实了其能够促进技术创新（袁博 等，2014；刘思明 等，2015；王海成 等，2016）。陈加奎等（2018）从共享经济角度，在对我国 2 683 家中小企业进行实证检验后认为，加强知识产权制度建设能提升中小企业的创新水平。关于知识产权保护促进企业创新的传导机制，一方面，知识产权保护通过增强企业融资能力进而推动更多创新（Hall，2004；Haeussler et al.，2009）；另一方面，知识产权保护通过加强创新技术的专有性以提高企业的创新投入水平（尹志锋 等，2013）。

总体上看，知识产权保护对创新有激励作用，区域知识产权保护能够显著激励企业的专利创新活动（Fang et al.，2017），但不同能力的主体和不同规模的企业的创新水平存在差异。同时，知识产权保护对不同产权性质的企业创新的影响可能存在不同。庄佳强等（2020）认为，增强知识产权保护对国有上

市公司的创新激励效应大于民营上市公司；但 Fang 等（2017）认为，私有企业比国有企业对这种促进效应更加敏感。通过研究各地区知识产权执法力度对上市公司技术创新及收益的影响，吴超鹏和唐菂（2016）发现，知识产权保护执法力度越大，企业对创新研发的投入力度越大（胡凯 等，2012；李蕊等，2013），专利成果越多，知识产权保护促进了区域创新绩效的提升（杨若愚，2016）。《中华人民共和国反垄断法》的实施和从无到有、力度从弱到强的反垄断执法活动表明了我国在维护市场公平竞争方面的努力和决心（叶光亮，2016）。

但也有学者认为，知识产权保护过强会阻碍企业创新（Horii et al.，2007），两者之间存在倒"U"形关系（O'Donoghue et al.，2004），应按照经济发展水平确保其在一个合适的范围内（王华，2011）。关于知识产权保护对企业创新的影响，部分学者持"抑制论"观点。Helpman（1993）通过分析知识产权保护对南北国家创新的影响，认为严格的知识产权保护从长期来看会导致技术进步速度的放缓。Schneider（2005）和 Hu 等（2008）认为，知识产权保护加强虽有利于发达国家创新研发水平的提高，但对发展中国家的技术创新是负面影响。Kim 等（2011）认为，知识产权保护对发展中国家技术创新不会产生显著影响。

部分学者持倒"U"形观点。李平等（2013）在进行我国最优知识产权保护区间的研究时发现，知识产权保护与技术创新之间有着复杂的倒"U"形关系（Gangopadhyay et al.，2012），应按照经济发展水平制定适宜的保护力度（余长林 等，2009）。Allred 和 Park（2007）认为，在发达国家与发展中国家，知识产权保护与技术创新之间的关系不同：在发达国家，两者之间存在"U"形关系；在发展中国家，两者之间存在抑制关系。

部分学者认为，知识产权保护应该采取适当的水平。王华（2011）认为，在不同的经济发展阶段，知识产权保护最优力度不同，发达国家应高于发展中国家。张源媛和仇晋文（2013）认为，知识产权保护水平不是越高越好，应该根据我国经济发展阶段，采取与技术和产业发展相适应的知识产权保护；我国加强知识产权保护会对通过进口贸易和 FDI 获得国际技术的溢出产生抑制作用，所以在不违反 WTO 协议的条件下，可以采取适度的保护水平，同时提高自主创新能力。

针对知识产权保护在市场竞争与企业创新关系中的影响，龚红等（2018）认为，知识产权保护起到调节作用，知识产权保护程度越高，企业创新意愿越强。韩雪飞等（2018）也得出类似的结论，认为知识产权保护能够抑制产品市场竞争对企业创新投入的不利影响；对制造业企业来说，竞争越激烈，其越倾向于工艺创新，知识产权保护越强，则其越倾向于产品创新。王海成等（2016）基于广东省知识产权案件的分析，认为知识产权司法保护水平与企业创新水平呈正相关，建议应该稳步推进严格的知识产权司法保护制度。

郭春野等（2012）将市场结构分为寡头市场和垄断竞争市场，根据创新性质将其分为垂直产品创新和水平产品创新，发现在水平创新垄断竞争市场中，适度的知识产权保护会促进发展中国家的创新。史宇鹏等（2013）对2001—2007年规模以上制造业进行研究，认为知识产权保护对企业创新存在激励作用，但这种作用在不同竞争状态的企业间存在差异，企业面临越多竞争，企业研发投入对知识产权保护水平的敏感性就越高；同时，知识产权侵权会对企业的创新研发活动起到抑制效果，并且不能通过事后查处的方式完全消除。

知识产权保护理论上存在一个最合适强度且各地区不同，我国各地区实际强度还未达到最合适强度，中西部地区知识产权保护实际强度与自身"最适强度"的偏离度比东部地区差别更大（唐保庆 等，2018）。徐璐和叶光亮（2018）认为，在知识产权保护下使得市场健康、稳定地发展，但在维护公平竞争的前提下，也要防止过度竞争对技术创新的抑制和福利的损害。

2.5　研究述评

综合上述国内外学者的研究成果来看，学者对于产品市场竞争对企业创新投入的影响是正向影响、是负向影响还是倒"U"形影响并未达成一致的意见。而影响产品市场竞争对企业创新投入的因素可以总结归纳为企业的创新意愿、企业的创新能力以及外在的法律制度环境。虽然学者们对不同影响因素的影响效果所持的观点不同，如针对"国有企业的创新能力是否比非国有企业的创新能力强"这个问题，有持"肯定论""否定论"和"倒'U'形论"不同的观点，但我们在总结文献和综合分析的基础上，更倾向于以下观点：

首先，从企业的创新意愿即产权性质及公司治理机制的角度来看，在市场经济环境下，相对于国有企业，非国有企业面对市场竞争对企业创新投入的促进作用更明显。这主要是因为国有企业拥有更多的社会资源的同时担负着更多的社会责任，所以企业应对产品市场竞争时创新投入的反应可能没有非国有企业那样显著。在管理层结构方面，技术性董事的加入可以促进企业在创新方面的投入，这主要是因为技术性董事可以降低创新项目的信息不对称性和创新投入产出成功率，体现其"专家"的价值。基于股权激励方式的高管激励机制更有利于企业的创新投入，这主要是因为基于股权激励方式可以将高管的利益和企业的利益捆绑在一起，并将短期激励与长期激励相结合，减少代理成本并降低道德风险，有利于高管为企业的长期发展而增加创新投入。

其次，从企业的创新能力即从融资渠道及融资方式来讲，内部融资渠道是企业创新投入的基础，但很多企业往往会面临内部融资金额不足的状况，在此情况下，外部融资渠道对于企业的创新投入至关重要。企业外部融资主要通过股权融资及债权融资两种方式，基于创新投入的高风险性、抵押物较少及企业与资金提供方的信息不对称的特点，股权融资方式是更适合企业创新投入的融资方式。

最后，从企业外在的法律制度环境即知识产权的保护制度来讲，严格并完善的知识产权保护制度能够有效地促进企业的创新投入。新产品研发或现有产品升级改造是企业重要的竞争手段，严格的知识产权保护制度可以保护企业的创新不会被剽窃以及产品不会被仿制，从而提高企业的创新积极性和收益。

国内外学者目前就影响企业创新的因素进行了诸多研究，也有学者讨论产品市场竞争和企业创新投入的关系，但是较少系统地基于企业的内外部环境探究产品市场竞争对企业创新投入的影响。例如，针对技术型董事和知识产权保护，以往研究主要是单独探讨技术型董事或者知识产权保护对创新的影响，而并没有考虑其作为调节作用调节产品市场竞争对企业创新投入的促进作用。针对知识产权保护，以往研究较少考虑各地区知识产权保护的不同。针对内外源融资，以往研究很少对比内源融资和外源融资的不同。因此，我们通过对现有文献进行梳理与总结，为本书的研究提供了契机，奠定了相关研究的理论基础和文献基础。

3 制度背景与理论分析

上一章在对国内外产品市场竞争对企业创新投入的影响相关文献梳理的基础上，分别从公司治理、融资方式、知识产权保护三个维度对在产品市场竞争下如何影响企业的创新投入相关文献进行梳理。本章首先通过华为在面对激烈的产品市场竞争时持续创新投入作为案例导入，其次阐述本书的制度背景和理论分析。

3.1 案例导入

在激烈的市场竞争中，华为积极创新投入。华为成立于 1987 年，虽然现在是全球领先的信息与通信基础设施和智能终端提供商，但仍面临着激烈的产品市场竞争，同时面临着美国以所谓的"国家安全"为由施加的制裁等严峻的外部环境和非市场因素。在这种情况下，华为的独立自主创新就显得更加重要。

曾任华为轮值董事长的郭平说过"华为越是在困难的时期，越重视对未来的投入"。华为每年研发投入金额占销售收入的 10% 以上。2021 年，华为研发投入达 1 427 亿元，占全年销售收入的 22.4%，研发费用额和费用率均处于近 10 年的最高位。2021 年 12 月，欧盟委员会发布的全球研发投入最多的 2 500 家公司中，华为排名第二。2021 年，华为研发人员约为 10.7 万名，约占公司总人数的 54.8%。截至 2021 年年底，华为在全球共持有有效授权专利超 11 万件，其中 90% 以上为发明专利。华为在 2021 年度中国国家知识产权局及欧洲专利局专利授权量均位列全球企业第一名，在美国专利商标局专利授权量位于第五名[①]。华为董事长梁华指出，不管外部存在何种困难，华为都会沿着公司战略方向继续前行，为技术进步做出更大贡献。

---

① 根据《华为投资控股有限公司 2021 年年度报告》整理。

企业的创新投入能促进竞争战略目标的实现。华为轮值董事长徐直军认为，一个企业如果技术领先，那么市场规模就会扩大，成本就会更低，就有更多的利润，同时有更多的资金做技术研究，改善客户的用户体验，增强企业竞争力，形成企业创新的"正循环"①。

在公司治理因素影响下，产品市场竞争对企业创新投入有促进作用。华为是一家没有政府和机构持股的民营企业。华为的股权激励比其他公司更有广度，从企业中的高层持股到最大程度的全员持股，公司员工根据级别及贡献程度可被授予一定的股份。这种股权激励计划将员工与企业紧紧相连，分享利益的同时也分担责任。从华为的董事会结构可以看出，董事的技术专长对于产品市场竞争促进企业创新投入具有重要作用。华为于2018年进行董事会换届选举，产生的新一届董事会成员中，技术专家型董事占比超过60%。2022年3月29日，部分董事辞任，候补董事递补后该比例并未下降②。董事长梁华、轮值董事长徐直军都有技术背景。正是技术专家型董事对技术创新的认可，使得华为在面对激烈的竞争时，近十年一直保持着每年销售收入10%以上的研发投入。

在市场竞争中，相对于外源融资，华为更依赖企业的内部资金，通过对资金进行集中管理和有效规划，保证了企业研发活动的持续投入。在保障公司发展资金需求方面，华为采取稳健的财务措施，使其内部资金充裕。2021年年底，华为的现金与短期投资达4 163.34亿元，是长短期借款的2.34倍。2021年，华为经营活动的现金流量净额为596.7亿元，筹资活动产生的现金流量净额仅为8.71亿元，经营活动产生的现金流量净额是筹资活动产生现金流量净额的68.5倍。

我国知识产权保护制度的建立，增强了企业在面对市场竞争时创新投入的动力。2018年1月，深圳市中级人民法院针对华为起诉三星对其专利侵权案件一审判决，要求三星停止侵犯其专利权的行为；二审期间在广东省高级人民法院多次主持调解下，华为和三星达成调解协议并同意按《专利许可协议》履行约定。同时，我国各省（自治区、直辖市）加强对山寨及假冒产品的清理。以江苏省为例，2018年年底，江苏省知识产权部门在全省范围内排查假冒及山寨华为商店，线上线下全面严查共整治清理了数十家店铺，有效地保障了企业的权利。

---

① 根据2019年互联网岳麓峰会上华为副董事长、轮值董事长徐直军题为《加速智能，共创未来》的演讲整理。

② 根据华为官网资料整理。

3.2　制度背景与发展现状

本节将从三个维度阐述我国企业创新的制度背景和发展现状。首先，在中国特色社会主义市场经济体制环境下，任何行业及企业的发展均离不开我国阶段性的经济发展目标及政策。因此，第一个制度背景是我国政府关于企业创新方面的政策，本节阐述了近年来国家对企业创新环境的营造。其次，本节分析了在经济政策环境的影响下，对企业创新影响最直接的法律制度即知识产权保护制度，这能够使我们更深入地理解在市场竞争中企业创新受保护的程度。最后，从经济政策及行业支持的角度，本节将从现阶段国家对制造业行业发展战略规划的维度来介绍并分析制造业企业面临的竞争与未来创新发展趋势。

3.2.1　我国企业创新的政策支持与发展现状

在经济结构优化升级和维持经济总量持续增长的过程中，促进企业创新相对有效的方式是"政策支持引导+发挥市场作用+企业自发创新"。政府应该在政策和制度等方面给予企业支持，而企业在良好的政策环境下，在良性产品市场竞争的促进下，要不断提升自身的核心竞争能力，自发创新，从而推动整个产业的创新和升级。

当前我国正处在新的发展阶段，政府在知识产权保护、营商环境优化、财政税收政策支持和资本市场指导等多个方面为企业的创新发展给予了积极的支持，营造了良好的经济环境。2022年，时任总理李克强在政府工作报告中指出，我国的创新能力得到进一步增强。我国企业创新支持政策的不断出台和完善，助推我国企业不断地开展创新活动。

2010年，国务院颁布的《国务院关于加快培育和发展战略性新兴产业的决定》确定了要加快培育和发展高端装备制造等七大主要战略性新兴产业，强调要提升创新能力和掌握核心技术，这不仅为战略性新兴产业的发展提供了强力支撑和保障，也为社会资源的投入指明了方向。2012年，党的十八大提出，我国要实施创新驱动发展战略，将科技创新定位于提升我国综合国力和社会生产力的战略支撑。

2015年，党的十八届五中全会提出，要坚持创新发展，要把创新放在国家发展全局的核心位置；同年，中共中央、国务院出台了《中共中央 国务院关于深化体制机制改革加快实施创新驱动发展战略的若干意见》。2016年，中共中央、国务院印发了《国家创新驱动发展战略纲要》，提出要建设国家创新体系，要坚持科技创新和体制机制创新的双轮驱动，对创新驱动发展战略进行了顶层设计和系统谋划；同年，国务院发布了《"十三五"国家科技创新规划》，描绘了建设创新型国家的战略蓝图，并详细制定了到 2020 年的量化发展目标，以 12 个主要创新指标为衡量标准，包含研发经费投入强度、PCT（专利合作协定）专利申请数量、每万人口发明专利拥有量等，目标是促使我国大幅提升科技实力和促进创新能力，步入创新型国家行列。2017 年，习近平总书记在党的十九大报告中指出，创新是引领发展的第一动力。2018 年，国务院就推动创新创业发展从创新创业环境、发展动力、平台服务、金融服务、科技创新支撑能力等方面提出意见。2020 年，国务院相继在加快医学教育创新发展和推进对外贸易创新发展方面发布了指导意见，从更多方面促进我国的创新发展。2021 年，国务院发布了《国务院关于开展营商环境创新试点工作的意见》，确定北京、上海、广州、深圳、重庆、杭州为首批营商环境试点城市，深化投资审批制度和招投标改革，健全信用修复机制，落实利企便民、公平高效、权益保护的试点任务。

在各项政策的支持之下，我国研发费用的支出也在逐年提高。如表 3.1 所示，2008—2020 年，全国科学研究与试验发展经费支出从 4 616 亿元增长至 24 393 亿元，增长了 4.3 倍；从支出结构角度来看，支出比例最大的两项为试验发展经费支出和企业资金经费支出，其中企业资金经费支出增长 4.7 倍，反映出为了提升企业的核心竞争力，我国企业创新投入正在逐年增加；政府资金经费支出增长 3.4 倍，虽然增长比例小于企业资金经费支出，但起到了关键的引导作用。

表 3.1　全国 R&D（科学研究与试验发展）经费支出

年份	科学研究与试验发展经费支出/亿元	占 GDP（国内生产总值）比重/%	基础研究经费支出/亿元	应用研究经费支出/亿元	试验发展经费支出/亿元	政府资金经费支出/亿元	企业资金经费支出/亿元
2008	4 616.0	1.45	220.8	575.2	3 820.0	1 088.9	3 311.5
2009	5 802.1	1.66	270.3	730.8	4 801.0	1 358.3	4 162.7
2010	7 063.0	1.71	324.5	893.8	5 844.3	1 696.3	5 063.1
2011	8 687.0	1.78	411.8	1 028.4	7 246.8	1 883.0	6 420.6
2012	10 298.4	1.91	498.8	1 162.0	8 637.6	2 221.4	7 625.0
2013	11 846.6	2.00	555.0	1 269.1	10 022.5	2 500.6	8 837.7
2014	13 015.6	2.02	613.5	1 398.5	11 003.6	2 636.1	9 816.5

表3.1(续)

年份	科学研究 与试验 发展经费 支出 /亿元	占GDP （国内生产 总值） 比重/%	基础研究 经费支出 /亿元	应用研究 经费支出 /亿元	试验发展 经费支出 /亿元	政府资金 经费支出 /亿元	企业资金 经费支出 /亿元
2015	14 169.9	2.06	716.1	1 528.6	11 925.1	3 013.2	10 588.6
2016	15 676.8	2.10	822.9	1 610.5	13 243.4	3 140.8	11 923.5
2017	17 606.1	2.12	975.5	1 849.2	14 781.4	3 487.5	13 464.9
2018	19 677.9	2.14	1 090.4	2 190.9	16 396.7	3 978.6	15 079.3
2019	22 143.6	2.24	1 335.6	2 498.5	18 309.5	4 537.3	16 887.2
2020	24 393.1	2.41	1 467.0	2 757.2	20 168.9	4 825.6	18 895.0

数据来源：根据国家统计局相关资料整理。

从创新人员投入角度来看，科学研究与试验发展人员全时当量2008—2020年增长1.66倍，在2020年达到523.5万人，如表3.2所示。在创新发展过程中，资金支持固然重要，但研究人员是企业创新活动的核心力量，在创新发展及创新实践中至关重要。

表3.2　全国R&D人员全时当量　　　　单位：万人/年

年份	科学研究与 试验发展 人员全时当量	基础研究 人员全时当量	应用研究 人员全时当量	试验发展 人员全时当量
2008	196.5	15.4	28.9	152.2
2009	229.1	16.5	31.5	181.1
2010	255.4	17.4	33.6	204.5
2011	288.3	19.3	35.3	233.7
2012	324.7	21.2	38.4	265.1
2013	353.3	22.3	39.6	291.4
2014	371.1	23.5	40.7	306.8
2015	375.9	25.3	43.0	307.5
2016	387.8	27.5	43.9	316.4
2017	403.4	29.0	49.0	325.4
2018	438.1	30.5	53.9	353.8
2019	480.1	39.2	61.5	379.4
2020	523.5	42.7	64.3	416.5

数据来源：根据国家统计局相关资料整理。

根据 2008—2021 年《全球创新指数报告》①，中国全球创新指数排名从
2008 年的第 37 名提高到 2021 年的第 12 名，如图 3.1 所示。自 2012 年党的
十八大提出实施创新驱动发展战略以来，我国在创新方面做出了许多努力，也
取得了较好成绩。从 2013 年起，我国的全球创新指数排名连续 8 年稳步前进，
上升势头强劲；2016 年，我国是第一个跻身全球创新指数 25 强的中等收入经
济体；2018 年我国首次跻身前 20 强；2021 年我国全球创新指数排在第 12 名，
不仅仍处于中等收入经济体首位，还超过了日本、加拿大等发达国家，距离迈
进前 10 名更进了一步。

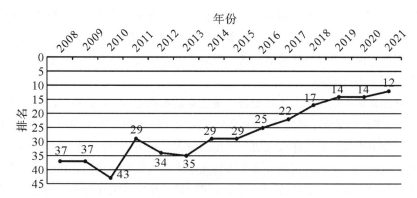

图 3.1　中国创新指数世界排名（2008—2021 年）

数据来源：根据 2008—2021 年的《全球创新指数报告》等相关资料整理。

2021 年的《全球创新指数报告》高度评价了我国在创新领域取得的进步，
认为我国目前处于全球创新领先者的地位，尤其是在创新产出方面很高效。若
按照 GDP 总值来看，我国本国人的专利申请量比日本、德国和美国要高。新
的科技集群正在形成，2021 年美国仍然是拥有科技集群最多的国家（24 个），
之后是我国（9 个）。我国科技集群的排名上升最稳定，体现了我国政府决策
以及激励措施对于提高创新能力的重要作用。但是也要认识到，我国在关键核
心技术、高端人才等方面还有待加强，如我国在高等教育入学率等方面仍落后
于德国和美国，在市场和商业成熟度方面也不如美国。我国应该直面短板，应
对挑战，并且紧紧抓住当前重要的发展机遇②。

---

① 全球创新指数是由世界知识产权组织、康奈尔大学等机构联合发布，是衡量经济体广泛
的经济创新能力的指标。《全球创新指数报告》逐渐成为国际上关于创新和知识产权水平比较权威
的报告，具有较强的客观性，受到国际社会的高度关注。

② 根据 2021 年的《全球创新指数报告》整理。

3.2.2　我国知识产权保护制度的发展现状

习近平总书记指出："创新是引领发展的第一动力，保护知识产权就是保护创新。"[1] 2021 年时任总理李克强在《政府工作报告》中再次要求"加强知识产权保护"。知识产权保护是创新的制度保障，我国知识产权保护事业在不断发展，获得国际社会和各国创新主体的广泛认可，知识产权保护社会满意度得分提高到 80.61 分。在世界知识产权组织发布的 2021 年的《全球创新指数报告》中，我国较 2020 年上升 2 位，排到第 12 位，连续 8 年保持上升态势。"十二五"到"十三五"期间，我国国内发明专利拥有量从 6.3 件/万人增加到 15.8 件/万人，专利密集型产业增加值占 GDP 比重超过 11.6%[2]。近年来我国知识产权保护工作虽然成效显著，但是在法律制度、行业监管、创新水平上与发达国家仍有差距。

我国知识产权保护工作始于新中国成立后不久[3]，全面的知识产权法制建设是在 1978 年改革开放之后（曹文泽 等，2018）。2012 年党的十八大以来，我国把知识产权保护工作放在更加突出的位置。我国的知识产权制度是符合国际通行规则的，根据我国的经济发展特点走出了具有中国特色的知识产权发展之路。知识产权涵盖了科技、经济和法律因素，是三者相互影响、相互结合的产物。从法律角度来看，知识产权保护的核心在于解决知识资源的归属问题；从经济学角度来看，知识产权保护是一种利益协调机制。

在经济全球化和互联网时代科技创新的影响下，经济体之间的竞争日益激烈，科技因素在经济发展中的影响越来越大。随着全球经济增速放缓和我国经济转型升级，深化改革、加强创新迫在眉睫，以改革和创新作为动力推动经济发展及产业升级能够提升核心竞争力，推动我国经济高质量发展。对于创新及技术的保护制度就是知识产权保护制度。在经济全球化的时代背景下，知识产权保护的重要性愈发显著。

我国目前实行的是"双轨制"知识产权保护制度，即通过司法方式和行政方式对知识产权进行保护，其中司法保护起主导作用。司法保护追求公正和效率的统一，程序相对完善但是周期相对较长；行政保护更加讲求效率，程序相

对简单并且执法措施相对来说更直接和便捷。这种灵活的"双轨制"保护制度给当事人提供了司法和行政两种方式的选择，既可以通过司法诉讼的形式要求侵权人承担责任，包括停止侵权、赔偿损失甚至拘役或有期徒刑等，也可以通过知识产权行政保护途径，保护自身关于知识产权的合法权益，维护良性的市场经济秩序。

在政策方面，为推进建设知识产权强国，2021 年 9 月，中共中央、国务院出台了《知识产权强国建设纲要（2021—2035 年）》，目标是：到 2025 年，我国知识产权强国建设呈现显著成效；到 2035 年，知识产权综合竞争力位于世界前列，基本建成具有我国特色、世界水平的知识产权强国。2021 年10月，国务院印发了《"十四五"国家知识产权保护和运用规划》，进一步对知识产权保护工作做出部署，同时从宏观保护、业务标准规范等方面出台了系列政策文件。

以"十四五"为新的起点，我国进一步加强知识产权保护制度的完善工作和在社会经济发展中的实践工作，为创新驱动发展战略的实施奠定基础。在制度建设方面，我国按照依法治国的战略部署，在知识产权领域不断健全完善法律法规体系，如 2020 年修正《中华人民共和国专利法》和《中华人民共和国著作权法》以及 2021 年修订《中华人民共和国科学技术进步法》等，还有一些法律正在持续推进修改论证工作。

在当前我国实施创新驱动发展战略和推进知识产权强国建设的背景下，完善知识产权保护体系和提升知识产权保护水平十分重要，我国知识产权保护的制度建设和实践仍然任重道远。我国仍需要不断加强知识产权保护工作，激发整个社会的创新活力，进而推动我国新发展格局的构建。

3.2.3　我国制造业发展的新时期——走制造强国之路

当今世界正处于百年未有之大变局，新一代信息技术和制造业的融合不断加强加深，制造业格局正面临着重大调整。叠加中美贸易摩擦、新冠疫情冲击等因素的影响，我国希望通过打造具有核心竞争力的制造业，实施"制造强国"战略，实现从中国制造向中国创造、中国速度向中国质量、中国产品向中国品牌的转变，这既是愿景也是发展的迫切需要，既是艰巨的任务又充满了机遇。

制造业是我国国民经济的主体，是我国的立国之本、兴国之器、强国之基①。改革开放以来，我国制造业发展迅速，自 2010 年以来增加值已连续 12 年稳居世界第一。2021 年，我国制造业增加值规模为 31.4 万亿元，占 GDP 比重的 27.4%；我国制造业创新能力在增强，光伏、风电等国际竞争优势在增强；制造业数字化转型步伐在加快，已经建成全球规模最大的光纤和移动通信网络②。制造业是我国经济发展的基石，形成有竞争力的制造业是我国成为世界强国的必经之路。但是目前与先进国家相比，我国制造业虽大却不强，产量很大但是产品档次仍有待提高。

2015 年，国务院印发《中国制造 2025》，提出力争通过 3 个 10 年实现我国制造强国的目标：第一个 10 年，迈入制造强国行列；第二个 10 年，达到世界制造强国阵营中等水平；第三个 10 年，综合实力进入世界制造强国前列。《中华人民共和国国民经济和社会发展第十四个五年规划和 2035 年远景目标纲要》再次强调，要深入实施制造强国战略，要加强制造业竞争优势。该文件指出，一方面要在重点领域建立国家制造业创新中心，加强基础能力建设，促进制造业优化升级，推动制造业的智能化、绿色化、高端化；另一方面，要为制造业降本减负，通过减税降费和服务及保障措施降低企业成本，同时引导金融资源向制造业倾斜。

近年来，我国实施的各项政策对制造业高质量发展起到助推作用。在改革方面，深化供给侧结构性改革，我国通过实施稳投资举措，制造业投资增速得到明显回升；在税收改革方面，我国实施扶持制造业的减税降费政策，全面解决制造业的留底退税问题；在费用方面，我国通过电力市场化改革，降低制造业用电成本；在稳就业方面，我国使用事业保险基金支持稳岗和培训，为制造业高质量发展培养急需的人才；在金融支持方面，我国引导金融机构提高对制造业的信用贷款和中长期贷款③。

实施制造强国战略并非简单扶持某个产业，而是要调动一切可动员的力量去激发创新，带动制造业乃至整个国家竞争力的整体提升④。制造强国是以智能制造为主攻方向，需要以人为本，以质量取胜，需要坚持绿色发展，推动结构优化，而整个制造业发展最核心的就是要坚持走创新驱动发展之路。

---

① 根据《中国制造 2025》整理。

② 根据人民网官网 2022 年 3 月 10 日发表的《我国制造业增加值连续 12 年世界第一（新数据 新看点）》整理。

③ 根据 2019—2022 年的《政府工作报告》整理。

④ 根据中华人民共和国中央人民政府官网 2015 年 5 月 19 日发布的《〈中国制造 2025〉出台明确制造强国路线图》整理。

3.3 理论基础

3.3.1 市场过程理论

市场的运作方式及市场竞争在何种程度有效是经济思想发展史的核心内容之一（刘志铭，2003），以不同方式定义的竞争是经济学理论的核心概念（王廷惠，2005）。不同经济学理论流派对竞争性质的理解存在较大的差异：一类是以新古典经济学派为主，其理解的竞争是完全竞争的概念，运用的是完全竞争的均衡分析，而完全竞争概念及思想也是新古典经济学的重要贡献（Mcnulty，1968）。另一类是以现代奥地利学派为主，以米塞斯、哈耶克和柯兹纳等为代表发展出的竞争性市场过程理论，他们认为所有竞争形式都是市场过程的一部分，竞争是一个动态的过程。其中，米塞斯认为市场是动态争胜的过程，哈耶克在此基础上认为竞争是能够发现并且能够有效利用信息的过程，强调竞争的动态过程特征。

新古典经济学派主要是从静态的视角对市场进行分析，而现代奥地利学派更认可市场过程论，认为市场是动态的竞争发展过程。竞争是发现有用知识的过程，动态争胜的过程具有发现功能，是行业中企业和潜在企业寻找替代方案的过程，是不断发现新需求和满足新需求的过程，是寻找和试验新知识的过程，是产生新产品、使用新方法、发现新资源的过程（柯武刚 等，2000；王廷惠，2005）。在任何市场情形下，无论对垄断及垄断程度如何定义，市场过程的本身是争胜，因为总是存在竞争中发现市场机会的过程，而通过这个过程才能对资源进行有效配置（王廷惠，2005）。

市场过程理论的前提条件是市场参与者的知识是有限的，即不完全知识，这种假设与实际情况更相符。竞争是一个发现知识的过程，是一种动态的过程。按照市场过程理论，企业是市场中不可或缺的主体，市场是具有营利性特征的企业在非均衡状态下，通过知识积累、机会发现等方式进行动态竞争的过程。

市场参与者可以自主学习，会通过知识积累和信息搜寻找到发展的可能性和潜在的利润机会，并采取行动。市场主体对利润机会的发现使市场发展呈现出动态的特征，同时也促进了新机会的涌现和利用。随着利润机会的不断挖掘，产品市场成为动态的竞争发展过程。从整个市场来看，市场机会是持续增加的，即只要产品市场存在竞争，那么机会就会不断涌现，企业为获得这样的机会就需要使用"新技术"、生产出"新产品"以及形成"新的组织制度"，也就是加大企业创新投入力度。

3.3.2 创新理论

1912 年，熊彼特（Schumpeter）在其《经济发展理论》中首次提出"创新理论"，创新是生产函数的转移，或将一种生产要素和生产条件重新组合，来获取潜在的超额利润。创新理论认为，无论是组织还是个人，经济主体都有相应的局限性（Simon，1979），在市场中无法依靠完全信息得出"最优"选择，知识并不是新增长理论中认为的"公共品"，而主要是依靠企业家的敏锐和超前的视野，比别人更早的行动来获得潜在的利润。熊彼特指出，创新不同于发明，它是用不同的方式来做事，共有五种形式：新的产品、新的生产方式、新的市场、新的供给来源和新的组织形式。推动企业实现创新活动的人群就是企业家，这里的企业家是有着领导才能、有着超前视野的人，而并不特别指发现者或发明家（代明 等，2012）。

熊彼特（1912）认为，技术创新是内生的，成功的创新会形成正反馈，使企业更重视研发活动，进而增强企业在市场中的集中度，利润则是成功创新的额外奖励。当同一个市场中其他企业发现了该创新可以获得更高的利润之后，便会试图模仿该项创新，不断地模仿使得产品市场竞争激烈，从而使该产品的价格下跌。创新者的额外利润只维持相对较短的时间，创新者和模仿者之间这种不断的作用使得在该次创新被完全吸收和扩散后，市场会重新趋于均衡。这种互相作用的过程是非线性的，而且在时间上的分布也是非均匀的，它是一个循环的趋势，而这种"集聚"也使得相关产业的增长比整个经济的增长更快。

20 世纪 60 年代后，新熊彼特派不断地发展创新理论，复兴了熊彼特思想，而且创新理论从 90 年代开始快速发展（Fagerberg et al.，2009；代明 等，2012），1974 年 Freeman 提出"创新经济学"，认为创新是经济差别的最重要因素，形成"创新系统"理论。源于熊彼特的创新研究，学者们将企业的技术活动和源于这些活动形成的产出进行明确的区分，并且认为经济是在不断演化的，支持熊彼特的观点并形成演化理论。创新理论在不断发展过程中于 20世纪 80 年代末提出"国家创新系统"。1987 年，Freeman 最早证实国家拥有积极且良好创新系统的重要作用。之后，学者们通过对比不同国家经济表现背后的因素，以创新活动为分析点，解释创新活动及在不同国家的产出（Porter，1990），认为创新是一个动态过程（Lundvall，1992），需构建现实的理论框架

（Nelson，1993）。

在熊彼特的创新理论基础上，创新内涵在不断发展，现在已经不限于企业层面，而是可以表达所有创造性活动（代明 等，2012）。尤其是近年来，全球科学技术快速发展，学者们从各个方面对创新进行诠释，为系统深入地进行创新理论研究做出努力。企业是创新的重要主体，围绕企业的创新研究是创新理论研究的重要组成部分，企业为了获得更多的利润，需要不断地进行创新投入。

3.3.3 利益相关者理论

利益相关者理论萌芽于 20 世纪 60 年代，并在 80 年代得到迅速发展。利益相关者理论是在对英、美等国奉行"股东至上"理论的质疑中逐渐发展起来的。"股东至上"理论意在强调股东利益最大化，由于股东是企业的所有者，企业的管理决策均为实现股东利益最大化而服务。由于"股东至上"理论运行的结果可能损害利益相关者和企业长远发展的利益，所以在实践中屡屡受挫。1963 年，斯坦福学院的学者首次定义了利益相关者（stakeholder），与股东（stockholder）相对应，表示和企业有密切关系的所有人。1984 年，Freeman 在代表作《战略管理：利益相关者方法》中提出利益相关者理论。目前，利益相关者理论已经形成了比较完善的理论框架，并在实际应用中取得较好的效果。

利益相关者理论认为，企业的目标是实现企业所有的利益相关者整体利益的最大化，否定了传统的"股东至上"理论的单纯追求股东利益最大化。企业的发展和经营需要股东、管理层、员工、债权人等各利益相关者共同协作、参与及支持，仅依赖于股东，对于企业长足的发展远远不够。因此，对企业剩余索取权及剩余控制权的分配，应当基于企业利益相关者的贡献进行。利益相关者在企业经营过程中投入资本的同时承担了一定的经营风险，因此企业在经营决策过程中，应充分考虑到不同利益相关者的利益诉求，从而维持企业的生存和发展。关于利益相关者的利益需求研究是该理论研究的重要内容，各利益相关者的利益需求不同，这些差异会影响企业的经营发展过程和价值最大化的实现，协调利益相关者的利益需求是管理决策过程中的一项重要工作。

此外，利益相关者的分类和界定是利益相关者理论的重要问题，学者们对于利益相关者有着不同的分类方式。弗里曼（1984）从影响企业目标或被影响的个人进行分类；斯达瑞克（1994）从目前与企业是否有实质性关系，将利益相关者分为现实利益相关者和潜在利益相关者；克拉克森（1994）根据在企业经营中承担的风险种类不同,将利益相关者分为自愿利益相关者和非自愿利益相关者;威勒(1998)根据与企业联系的紧密程度和社会性,将利益相关者分为首要社会性利益相关者、次要社会性利益相关者、首要非社会性利益相关者、次要非社会性利益相关者。还有学者认为,不同利益相关者的利益需求不同,同时在公司治理框架下,不同利益相关者之前的博弈会影响企业的创新投入。

企业中的利益相关者可以大致分为三类:第一类为公司股票持有者,即公司投资人及相关持股高管,该类利益相关者为所有权利益相关者;第二类为公司业务的关联群体,如公司债权人、公司员工、公司所聘用的第三方咨询机构等,该类利益相关者为经济依赖性利益相关者;第三类为社会利益关联的机构或群体,如政府机构及监管部门等,该类利益相关者为社会利益相关者。相对于股东关注企业的长远利益,由于管理者职位稳定性和收入增减都与企业业绩相关,所以管理者更倾向于关注其任期内的业绩情况。创新活动不仅需要高投入,还伴随着高风险,虽然潜在收益较高,但失败风险也较大,管理者可能会在任期内选择相对安全的投资项目,从而可能导致企业的创新投入不足。

3.3.4 委托代理理论

委托代理理论是制度经济学契约理论的主要内容,20 世纪 30 年代由美国经济学家 Berle 和 Means(1932)提出,到 70 年代委托代理理论有了重大发展,研究方向从所有权与经营权分离转为对委托人和代理人关系的研究。1973 年,Ross 在《代理的经济理论:委托人问题》中提出了委托—代理问题;1976 年,Jensen 和 Meckling 提出了经典的代理理论。委托代理的主要矛盾是由于委托人与代理人信息不对称和利益冲突带来的。

委托人作为企业的所有者,选择代理人并委托代理人对企业进行管理。在委托代理理论的分析框架中,委托人希望代理人能够以委托人的利益最大化进行经营管理,但由于委托人无法掌握代理人的全部信息,同时代理人和委托人利益追求不一致,代理人可能会做出不利于委托人的行为,形成代理问题。

委托人和代理人之间的信息不对称,可能产生逆向选择和道德风险问题。委托人是信息劣势的一方,代理人可能通过隐瞒一些个人信息,使得委托人认为代理人符合要求,在信息不完全的情况下做出错误的选择,即产生逆向选择问题。由于委托人和代理人签订的契约无法将权利和义务以及未来可能出现的所有情况都进行约定,所以无法通过一个完备的合同约束代理人的所有行为,以保证委托人的利益不受损害。在企业实际经营过程中,代理人有企业的经营权，由于信息不对称，代理人的努力程度和经营能力无法准确判断，可能会因为自身利益而产生损害委托人利益的行为，产生道德风险问题。

与企业其他投资行为相比，创新投入的周期更长，结果的可预测性更低。由于委托代理问题的存在，委托人为了实现自身利益，需要建立适当的约束和激励机制，对代理人进行监督和激励，使代理人与委托人的利益趋于一致，并利用市场竞争机制给代理人施加压力，促进企业的持续创新。

3.3.5 融资约束理论

Modigliani 和 Miller（1958）认为，如果资本市场是完美的，公司的内外部资金可以完全替代，即无论公司采用的融资方式是内源融资还是外源融资都不存在差异，公司的投资不会受到内部资金限制，也与融资方式无关，所以在理想情况下，公司可以为所有净现值为正的项目筹集充足的资金。然而，现实中的市场并不完美，信息不对称等问题的存在会增加道德风险和投资者的逆向选择。这不但增加了公司外源融资的难度，而且投资者还会要求更高的预期回报率，提高了外部资金使用成本，使得外部资金不再能够完全替代内部资金，进而公司有面临融资约束的可能（Hubbard，1998）。在这种情况下，公司的投资决策就并非与融资活动相互独立（张标，2013），而是密切相关。

Fazzari 等（1988）在分析公司融资活动对投资决策的影响时认为，内部资金会正向影响受到融资约束公司的投资支出。融资约束是指由于资本市场的不完美，公司从外部获取融资的成本显著高于内部，导致公司的实际投资水平无法达到理想状态下的最优水平，即公司内源资金不足并且无法获得足够的外源融资来满足公司投资的需求。

Akerlof 在 1972 年提出了信息不对称的概念，信息不对称导致的逆向选择和道德风险（Jensen et al.，1976）是产生融资约束的重要原因。当内部资金无法满足公司资金需求时，公司会通过外部市场进行外源融资，如进行权益融资或债务融资。公司在进行股权融资过程中，由于逆向选择的影响，新股东通常会要求一定的溢价来补偿逆向选择可能带来的损失（Greenwald et al.，1984；Myers et al.，1984）；而债务市场上的信息不对称，会导致信贷配给的现象（Stiglitz et al.，1981）。由于逆向选择的存在，银行提高利率可能会使低风险债务人退出市场而高风险债务人增加；由于道德风险的存在，债务人可能选择风险更高的项目来承担更高的利率。这会导致银行的预期风险上升而预期收益下降，因此银行宁愿在较高的利率水平上拒绝一部分债务人的贷款需求。在这种信贷配给的情况下，即使公司愿意接受较高的贷款利率，也可能无法为有投资价值但是风险较高的项目筹集足够的资金。因此，根据融资约束理论，在不完美的市场中，融资约束的存在可能使得企业的资金不足以满足高风险长周期创新项目的资金需求，进而直接影响企业的创新能力。

3.4 理论分析框架

3.4.1 产品市场竞争对企业创新投入的影响机理

作为发展中国家，我国制造业行业的投资机会较多。行业的竞争主要体现在现有企业间的竞争、新加入企业的竞争、替代产品或服务的威胁。

一方面，在激烈的产品市场竞争中，企业为巩固原有的竞争优势，可能会采取战略性的创新投入，为潜在竞争者设置更高的行业壁垒，以此来阻止新的竞争者进入（Dixit，1980）。根据博弈论的思想，每个企业在产品市场竞争中都是理性的，会根据竞争对手的行动来做出对本企业最有利的决策以最大化本企业的利益。在行业中，新的竞争者的加入可能会使该行业内的产品市场竞争更加激烈，可能影响原有企业的市场份额和盈利能力（黄继承 等，2015）。对于在位企业来说，为尽可能防止这种不利局面的出现，会提前加大创新投入力度以提高行业的进入壁垒，这会影响竞争对手的行为，当竞争对手认为进入该行业需要付出过大的成本时，可能会停止想要进入该行业的行为。

另一方面，当市场需求没有得到满足，行业中有新的投资机会时，企业为寻求新的利润增长点，同时避免这种投资被行业其他竞争对手抢先获得，会及早进行创新投入。随着产品市场竞争的加剧，市场逐渐趋于饱和，企业为了缓解替代产品或服务的威胁，获得和巩固竞争优势，会通过加大创新投入力度来维持或者获得更高的市场份额和市场占有率。

3.4.1.1 产品市场竞争促进企业创新投入

首先，产品市场竞争对企业创新投入的影响大小取决于该行业内各个企业之间是否能够形成有约束力的契约。理论上讲，如果能达成该契约，各个企业的创新投入会达成多寡头博弈的古诺—纳什均衡，当产品市场竞争加剧，各个企业仍然会依照一定的方式进行创新投入。从我国实际情况来看，由于我国知识产权保护等法律制度还有待健全，市场经济时间较短，同时我国企业整体合作意识有待加强，各企业之间很难形成或按照某种特定方式创新投入，因此产品市场竞争的加剧会促使行业内的企业争相创新投入，即进行抢先博弈。

其次，产品市场竞争对企业创新投入的影响取决于行业内部竞争结构。根据行业内部竞争结构的差异，我们可以将行业区分为 NN（neck-and-neck）和 LL（leader-laggard）两种类型：NN 类型是指行业内各企业技术差距较小的结构；LL 类型是指行业内某个或某几个领导企业的技术和竞争效率领先于跟随企业的行业结构（张杰 等，2014）。在 NN 结构中，各企业之间的技术和市场份额差距不大，企业的投资行为表现为非合作博弈，企业不创新可能会承受市场份额下降带来的损失，同时企业有动力通过创新投入来逃离与行业内其他企业的竞争，即逃离竞争效应；在 LL 结构中，行业中的一个或几个具有领导地位的企业，由于企业之间难以形成有效的契约，而各企业之间还有较强的竞争关系，它们为了占有更多的市场份额，获得更多的超额利润，有意愿增强创新投入（张杰 等，2014）；LL 结构中的跟随企业，为了不被市场淘汰，为了持续生存也会进行创新投入。

3.4.1.2 企业创新投入是产品市场竞争的必然结果

市场过程理论认为，竞争是市场过程的一部分，在市场各主体具备完全知识的情况下，市场会处于均衡状态。在实际中，由于市场主体的知识储备有限，即在消费者行为偏好等方面的认知有限，所以市场并非完全处于均衡状态，企业家不断发现的过程和市场上各主体互相学习的过程会使得市场趋向均衡（王廷惠，2008），而产品市场的良性竞争就是打破市场现有均衡、使得社会迈向更高阶均衡的主要途径。竞争是发现有用知识的过程（王廷惠，2005），技术和知识的演化是知识的发现者不断推动的。市场主体在产品市场竞争的驱动下，为了达到利益目标，不断运用有用知识创造和满足消费者的需求。因此，产品市场竞争是一种动态过程，而不是新古典经济学所认为的静态状态。

在实际的市场中，竞争并非是重复、单一、机械的过程，也并不是一个均衡概念，而是不断创造与发现新知识、新机会的动态过程。市场中的在位企业和潜在企业均是竞争过程的参与者，在竞争过程中，它们可能因为优先发现新的机会和利用新知识而获得更快速的成长，也可能因为缺乏洞察力而止步不前或被市场淘汰。产品市场竞争是市场主体不间断寻找暂未实现的盈利机会的过程，是一个激励与引导市场主体不断寻找发展机会或替代方式的动态过程，是持续寻找与利用新知识的过程（王廷惠，2005），也是不停满足市场需求的过程，而这一过程的实现手段就是企业的创新投入。

不完全知识状态在市场中是无法完全避免的，那么市场便存在利润机会，这意味着企业家能够通过新知识的发现与应用生产出新产品，采用新技术，优化组织形式（戴泽伟 等，2018）。根据市场过程理论，市场过程就是企业家发现与利用新知识、实现创新的争胜竞争过程，是经济持续增长的动力。市场过程引导企业家发现新机会和新知识，推动市场主体不断地创新并实现经济增长。在不确定的市场环境中，竞争促进企业不断地发现与试验新知识，同时也提供了甄别优胜企业的机制。从这个角度来看，企业在不断地试错与学习中创新，企业创新投入在一定程度上是产品市场竞争的一种必然结果。

3.4.1.3　创新投入是企业在产品市场竞争下实现竞争战略的必然要求

根据波特的竞争理论，企业在面对竞争时可以采取成本领先战略、差异化竞争战略和集中战略。由于集中战略是在某一特定细分领域运用差异化竞争战略、成本领先战略或两者兼而有之（Porter，1980），本书将竞争战略聚焦于成本领先战略和差异化竞争战略进行研究。

在产品市场竞争环境下，一方面，企业可以在原有业务领域进行创新投入，提高资产使用效率、实现规模经济效应，扩大产销量以摊薄产品和服务上的成本费用，实施成本领先战略。另一方面企业也可以在原有业务相关领域或者新的业务领域进行创新投入，通过多元化经营实现范围经济，分散公司的经营风险；通过挖掘顾客需求，打造个性化产品，塑造品牌形象和培养顾客的品牌忠诚度，利用产品或服务的独特性为企业带来持久的竞争优势，增加竞争对手的模仿难度，实施差异化竞争战略。

当企业所处行业竞争程度较低时，企业一方面可以聚焦现有业务领域，通过创新投入完善生产流程，降低成本费用，抢占市场份额；另一方面可以通过研发创新打造个性化的产品，通过差异化产品开拓新市场，提高竞争优势。随着行业竞争的日益激烈，由于差异化经营具有研发周期长、产出风险大等特点，实施差异化竞争战略可能使企业在短期内面临一定的经营风险。此时，企业可能更需要集中资源，在原有业务领域创新投入，借助大规模生产实现规模经济，利用现有产品和服务进行市场渗透，占领更多市场份额，发展企业的核心竞争力。当市场需求趋于饱和时，专业化经营会面临较大的风险，此时企业需要寻求多个利润增长点，向新的业务领域进行创新投入或者提供差异化的产品和服务。这一点对于行业中处于竞争劣势的企业更是如此，与行业领先企业相比，其通过大规模生产对成本的压降空间有限，也就更有动机通过多元化和差异化来提高其竞争能力。因此，企业创新投入是在产品市场竞争下，为达到竞争战略结果的必然要求。

从以上三个方面可以得出在产品市场竞争环境下，企业要通过增加创新投入、完善生产流程、降低生产成本或提供差异化产品服务，达到实现竞争战略的目标来巩固和提高市场地位，保持或获取竞争优势。

3.4.2 影响产品市场竞争对企业创新投入的因素分析

3.4.2.1 企业层面的研究视角

代理问题的存在会影响产品市场竞争对企业创新投入的促进作用。由于股东和管理者之间的委托代理关系，管理者很可能根据自身的利益而不是股东的利益选择投资策略。管理者可能为了建造"商业帝国"或者证明自己的能力而盲目增加创新投入，扩大企业规模；也可能为了自己任期内的短期利益而牺牲长远利益，导致创新不足。公司治理结构或机制决定了企业如何将人力和资本进行组合，因此由于代理问题的存在引发的公司治理机制对创新投入有着重要的影响。

金融分析师在资本市场上发挥着重要的信息中介作用，对于产品市场竞争对企业创新投入的影响并没有形成统一的结论。一方面，金融分析师有外部公司治理功能，通过缓解信息不对称，帮助投资者更好地获取公司的信息，在竞争环境下能够促进企业长远发展的创新投入；另一方面，在激烈竞争环境下，分析师的盈余预测也会给公司带来市场压力，可能诱发管理层的短视行为，从而抑制企业创新（田轩，2018）。

融资约束的存在将会降低企业参与市场竞争的积极性。当企业面临的融资约束程度较高时，较高的融资成本可能使得企业暂缓创新投入，甚至可能会因此失去产品市场竞争中有利的投资机会，从而使其在激烈的市场竞争中处于消极被动地位；而当企业没有融资约束或者面临的融资约束程度较小时，充裕的资金能够使企业进行创新投入，选择适合自己的竞争战略，使其在激烈的市场竞争中把握更多的决策主动权。

较高的股票流动性为投资者对上市公司的投资和退出提供了便利，但是对企业创新投入的影响充满争议。一方面，流动性的提高可以方便大股东增加对企业的投资，大股东可能会通过增强对企业的监督，注重企业的长远发展，在市场竞争的环境下加大对创新的投入力度；另一方面，流动性的提高会增加公司被收购的压力，当市场出现特殊状况时，投资者可能出现非理性抛售股票的行为，同时竞争越激烈使得企业短期的业绩压力越大，可能会抑制企业的创新。

技术创新具有高风险和不确定性的特点，风险投资不仅能够为企业的创新投入提供资金支持，而且其有一定的失败容忍能力和风险承受能力。风险投资会积极参与企业的管理，监督企业的运营，协助企业建立专业的团队，所以在风险投资的参与下，竞争会促进企业投入更多的资金用于创新。

管理者的不同特征可能会使企业在市场竞争中表现出不同的创新投入。管理者的性别特征：男性管理者相较于女性管理者更具有自信冒险的特征，使得他们更偏好于创新投入。管理者的任期：当管理者可预见自己离职的情况下，可能不愿意进行更多的创新投入。管理者的年龄：年长的管理者相对来说有更多的阅历，行事风格更加谨慎，对于风险较高的创新投入的动力可能不足。但是针对管理者特征对企业在竞争环境中创新投入的影响，学者们并没有统一的结论，还要根据企业的具体情况来看竞争对企业创新投入的影响。

3.4.2.2 政策制度层面的研究视角

货币政策主要通过"利率"和"信贷"直接或间接影响公司的外部融资，进而影响企业的创新投入。扩张性货币政策是指通过扩大货币供给量和降低利率来刺激社会总需求，企业会更容易获得信贷支持，缓解企业的外部融资约束压力，增加研发投入。而紧缩性货币政策通过减少货币供应量和提高利率来降低总需求水平，企业想获得信贷支持会更难，同时融资成本可能会增加，导致企业受到更大的融资约束，对研发投入产生抑制作用。

税收政策主要是对企业研发资金的使用成本产生影响，通过加大研发费用加计扣除政策的实施力度、对企业投入基础研究实行税收优惠、完善设备器具加速折旧、高新技术企业所得税优惠等政策，降低企业研发资金的使用成本，相当于给予企业创新大规模的资金支持[①]，促使企业增加研发资本投入。

政策不确定性会对企业的长期投资决策产生很大影响。企业的创新是一个长期的过程，需要稳定的政策支持，如果政策模糊、经常更改，就会使得投资者无法形成稳定的预期（田轩，2018）。当竞争激烈时，企业会对创新投入更加谨慎，尤其是不可逆程度比较高的投资项目。因为当政策发生变化时，原来的创新投入可能无法带来经济效益，此时企业会更偏好于短期收益，推迟企业创新，直到政策逐渐明朗。

制度环境如知识产权保护制度可以减少创新知识被模仿的威胁，增强创新技术的专有性。知识产权保护制度要在一个合适的范围内，过度保护也可能对创新投入有抑制作用，但我国目前的知识产权保护制度还不够健全，还没有达到最优状态，所以增强知识产权保护制度能够增强市场竞争对企业创新投入的促进作用。

3.4.2.3 本书的研究视角

我们通过对影响产品市场竞争对企业创新投入的因素进行分析发现，虽然

---

① 根据 2021 年的《政府工作报告》整理。

具体的影响因素不同，但企业层面主要通过公司治理和融资情况两种方式来影响产品市场竞争对企业创新投入的作用。比如，金融分析师的作用、股票的流动性、风险投资等可以通过缓解代理冲突、直接或者间接增强对企业的管理、促进企业长远发展来促进企业创新投入。融资约束和风险投资主要是通过企业的外源融资来影响产品市场竞争对企业创新投入的作用。在政策制度层面，货币政策和税收政策主要是通过缓解或增加企业的融资约束来影响企业的外源融资，进而影响企业的创新投入。知识产权保护制度是对创新最直接的保护制度，所以要建立合理的制度环境，降低企业在创新过程中遇到的政策不确定风险，并进一步促进企业创新。

基于以上分析，本书认为，产品市场竞争对企业创新投入的主要影响因素是创新意愿（公司治理）、创新能力（融资方式）和知识产权保护三个方面。

首先，本书从创新意愿的角度，研究企业的公司治理模式能否让企业的创新流程更加顺畅，使企业不仅追求短期目标，也愿意为自身长远发展考虑，进行创新投入。本书对公司治理结构的分析主要从股东、董事会、经理层三个层面进行，并在每个层面选择有代表性的维度来考察其对产品市场竞争促进企业创新投入的影响。第一，从股东层面来说，由于企业的股权集中度和股权性质对企业的治理架构有重大影响，股东层面选用企业的产权性质，并用股权集中度做进一步分析。一般来说，国有企业在创新投入和创新效率上和非国有企业存在一定差距，国有企业比非国有企业更容易获得政府的支持，创新效率有待加强。第二，从董事会层面来说，董事会在现代公司治理中起到重要作用，董事会成员之间专业的互补和差异，尤其是董事的技术专长，可以缓解经营者在企业创新投入中的代理问题，使企业研发水平大幅提升。因此，董事会层面选用技术专家型董事占比来做研究分析，并用董事长或者 CEO 技术专长做进一步分析。第三，从经理人层面来说，管理层激励机制主要包括高管股权激励和货币薪酬激励。在产品市场竞争激烈的环境下，采取相应的股权激励机制能够促进企业的创新，一方面能够缓解代理问题，提高高管风险承担意识、与股东的创新利益共享；另一方面有助于企业筛选和留住人才。同时，薪酬激励仍是上市公司现行常见的激励方式，它可以相对直接的作为管理层创造价值的反馈，促使管理者加大创新投入力度。

其次，本书从创新能力的角度，指出企业通过不同的融资方式获得足够的资金支持企业进行创新投入。这部分从融资方式而不是融资约束的角度来研究有两方面原因：第一，探讨融资约束下产品市场竞争对企业创新投入的文献较为丰富并且已经形成了相对一致的观点，即当企业面临较大融资约束时，会导致创新投入不足；第二，本书认为在企业或多或少面临融资约束的情况下，通过何种方式获得充足的资金并且研究在何种融资方式下竞争对创新投入的影响更为重要。创新投入意味着高资本投入，专用性较强，那么对于投资者而言，这意味着高风险，为了应对这种高风险，企业需要储备足够的资金来用于研发；否则，一旦创新项目难以为继，前期投入就无法获得收益。企业研发资金可能来自自身积累，也可能来自外部融资。如果企业自身经营性现金流充足，那么即使其面临着较为严重的融资约束，在激烈的市场竞争情形下，为了保持竞争优势，不错失投资机会，其也可能会在研发上投入较多资金。当企业内部现金流不稳定时，企业可以通过外源融资来持续地创新投入。外源融资主要分为股权融资和债权融资。在激烈的市场竞争环境下，股权融资是很适合创新投入的融资方式。一方面，股权投资者在分享企业收益的同时也愿意分担企业创新面临的风险；另一方面，股权融资不需要定期还本付息，具有长期性，使得企业创新时可以按照预期的研发周期进行。对于债权融资的影响学者之间尚存在争议，这一是由于获得外部资金进而对创新投入有促进作用；二是由于创新企业抵押物较少且风险较大，可能难以获得充足的债权融资；三是由于创新的长期性和不确定性使得债权融资加剧了公司破产清算的风险，使得债权融资的促进效应不明显，甚至会抑制创新活动。

最后，本书从知识产权保护的角度，认为当企业有意愿有能力进行创新时，如果知识产权保护制度不够完善，知识产权没有受到应有的保护与尊重，造成剽窃他人创新成果的事件层出不穷，不仅会使研发投入成本不断提高，还会使得企业在面临激烈的产品市场竞争时，研发投入的积极性下降。本书在政策制度方面选择知识产权保护进行研究有两方面原因：第一，知识产权保护制度区别于其他政策制度的独特性。中国市场具有新兴加转轨的特征，企业一方面有更多的发展机会，另一方面也要受到各种政策制度环境的影响。相对于其他政策制度还可能影响企业其他方面的投资、筹资、资源配置等行为，知识产权保护则更侧重于影响企业的创新投入活动。第二，知识产权保护制度对企业创新的直接作用。我国目前实行的是"双轨制"知识产权保护制度，即我国通过司法方式及行政管理方式对知识产权进行保护，这种灵活的保护制度给当事人提供了司法和行政两种方式进行选择，从而保护自身关于知识产权的合法权益，保障良性的市场经济秩序。

综上所述，本书针对产品市场竞争对企业创新投入的影响展开研究，并在此基础上，分别探讨在不同的公司治理、融资方式和知识产权保护的影响下，产品市场竞争对企业创新投入的作用。

4 产品市场竞争与企业创新投入

　　《中国制造 2025》中明确指出"制造业是国民经济的主体",它是我国立国的根本,是振兴国家的重器,是强盛国家的根基。现阶段,我国制造业总体上大而强,全球的竞争格局面临着重大调整。美国、德国等发达国家开展"再工业化"及"制造业回归"战略,试图在制造业产业重新塑造竞争优势。一些发展中国家积极参与全球产业再分工,开拓国际市场。因此,我国的制造业在新一轮竞争中面临着巨大的挑战。

　　在激烈的市场竞争下,企业为了不断提升自身的竞争力,对创新的需求日益增强,从而积极推动产业结构的升级。企业既是市场经济的主体,也是我国技术创新的主体。从这个角度来看,我国要想深入实施创新驱动发展战略,推进科技创新,依靠创新提高发展质量①,就必须从企业着手,积极探索企业自主创新的影响因素。企业创新活动会受到行业环境的影响,包括行业竞争程度如新进入者竞争威胁、现有企业间竞争威胁等。正因如此,企业往往会根据市场环境的发展变化来制定与调整创新策略,以此来确保创新活动顺利且高效地展开。

　　国内外很多学者研究产品市场竞争对企业创新投入的影响,但并未得出一致的结论,其主要观点有三种:第一种是产品市场竞争能促进企业创新(Arrow,1962;Boone,2001;张杰 等,2014;何玉润 等,2015;郑建明 等,2016;解维敏等,2016);第二种是产品市场竞争会抑制企业创新(Schumpeter,1942;Gilbert et al.,1982;柯东昌,2012;Cornaggia et al.,2015);第三种是产品市场竞争与企业创新呈倒"U"形关系(Aghion et al.,2005;寇宗来 等,2013;熊艳,2014)。上述文献得出的研究结论有很大差别,主要有两方面的原因:一是研究者使用的样本不同;二是选取的变量及变量的衡量方式不同。

　　很多研究文献聚焦于分析产品市场竞争对企业创新产出的影响,而没有系统全面地分析在内外部环境的影响下产品市场竞争对企业创新投入的影响。在

---

　　① 根据 2021 年的《政府工作报告》整理。

现实中，从企业的创新投入到创新产出需要一个过程，创新投入会对创新产出有影响，有助于创造高附加值的产出（杨林 等，2018）。因此，我们需要在研究过程中，把切入点从创新产出前移到创新投入。各个国家各个行业的实际情况不同，面对不同的市场竞争情况所采取的竞争战略也不同，而为了达到不同的竞争战略目标，企业需要不同程度的创新投入。在我国面对着全球市场竞争激烈的情况下，目标从传统制造业大国迈向科技型制造业强国的过程中，在不同的内外部环境影响下，产品市场竞争越激烈，企业是否会进一步增强创新投入？这个问题需要我们进一步的检验。

为此，本章选取 2008—2017 年中国沪深 A 股制造业企业的样本，首先分析产品市场竞争对企业创新投入的影响，其次分析企业创新投入对企业竞争战略实现的影响，并进一步分析在不同的市场竞争环境下增强企业创新投入，企业不同竞争战略的实现情况。

首先，本章验证了对于我国制造业企业来说，产品市场竞争能够显著促进企业创新投入。为保证本章结论的稳健性，我们采取更换产品市场竞争的衡量方式，更换创新投入的衡量方式，更换竞争战略的衡量方式，均支持本章的研究结论。其次，企业在面临激烈的市场竞争时，会采取成本领先战略、差异化竞争战略，本章验证了加强创新投入对企业的成本领先战略的实现有促进作用，对差异化竞争战略的实现也有促进作用。企业通过增加创新投入来达到实现成本领先战略和差异化竞争战略的目的，最终提高企业的市场份额和利润率。最后，本章进一步分析得出在市场竞争程度较低时，企业更有动力去实施差异化竞争战略；当竞争程度逐渐提高时，企业实施差异化竞争战略的动力有所下降；但是当竞争程度非常高时，企业仅通过成本领先战略占领市场份额还不够，还需要配合实行差异化竞争战略来打造个性化产品，进入现有市场或开拓新的市场。因此，企业可根据不同情况配合实施成本领先战略和差异化竞争战略。

4.1　理论分析与研究假设

4.1.1　产品市场竞争与企业创新投入之间的关系

创新投入是实现企业战略的重要方式之一，关系着企业的运营效率、经营业绩和长远发展。成功的创新可以让企业在市场上脱颖而出，缺乏创新的企业可能在行业的发展中被淘汰。企业创新是个充满不确定性、周期较长、人力成本和时间成本不断投入的过程，因此企业在进行创新决策及创新实践的过程中，需要全面考虑各方面因素，寻求创新投入、创新风险和创新收益的平衡点。

在激烈的市场竞争环境下，企业可能被竞争对手超越甚至淘汰，而创新投入带来的产品成本的降低或者产品的差异化将使企业获得竞争优势。企业增强研发投入，一方面可以实现产品或服务等方面的迭代升级，激发更多的市场需求；另一方面可以提升企业的运营效率，降低成本并且提升企业的业绩，避免企业在市场竞争中处于不利地位。产品市场竞争给企业带来的直接外部压力，将会促进企业在技术创新方面的投入。

我国属于新兴市场国家，制造业投资机会较多。根据奥地利学派的市场过程理论，市场良性竞争是打破市场现有均衡、促使社会迈向更高阶均衡的主要途径，而市场良性竞争的主要实现手段是"新产品""新技术"和"新的组织制度"。因此，现有产品市场竞争程度对企业未来研发投入和创新程度有着直接的影响。

如前所述，产品市场竞争对企业研发投入的影响体现在三个方面：首先，企业为巩固原有竞争优势并为潜在竞争者设置更高的行业壁垒，会采取战略性创新投入阻止新竞争者的进入（Dixit，1980）。当市场需求未饱和，企业为寻求新的利润增长点并避免竞争对手抢占机遇，会及早进行创新投入。其次，根据市场过程理论，良性竞争是打破现有均衡、促使社会迈向更高阶均衡的主要途径。根据行业竞争结构差异，我们将行业分为 NN 和 LL 两种类型（张杰等，2014）。其中，在 NN 结构中，各企业表现为非合作博弈，有动力通过创新逃离与其他企业的竞争。在 LL 结构中，领先主体试图维护领先地位，获得更多超额利润，要不断更新自己的产品和技术；跟随主体为增加市场份额，使自己不被市场淘汰，也要不断进行创新。此外，创新投入是企业在产品市场竞争中实现竞争战略的必然要求。一方面，企业可在原有业务领域进行创新投入，提高资产使用效率、实现规模经济，实施成本领先战略；另一方面，企业也可以在原有业务相关领域或新的业务领域进行创新投入，通过多元化经营实现范围经济，通过挖掘顾客需求打造个性化产品，实施差异化竞争战略。

基于以上分析，本章提出研究假设 H1。

H1：产品市场竞争对企业创新投入有促进作用。

4.1.2 企业创新投入与企业竞争战略的实现

Michael Porter 于 20 世纪 80 年代提出了竞争战略理论，为处于产品竞争市场中的企业行为研究奠定基础。如前所述，企业在面对竞争时可采取成本领先战略、差异化竞争战略和集中战略，由于集中战略是在某一特定细分领域运用差异化竞争战略、成本领先战略或两者兼而有之（Porter，1980），本书将竞争战略聚焦于成本领先战略和差异化竞争战略进行研究。无论是哪一种竞争战略，增加创新投入都是企业竞争战略目标实现的必然选择。

企业实施成本领先战略，主要是通过生产规模的扩大、运营效率的提升、成本费用的严格控制等方式降低企业的产品成本，通过相对较低的价格获得更多的市场销量，占领更大的市场份额从而获得更多的利润。该战略主要是基于研发投入的过程创新和规模经济带来的产品成本下降，从而获得竞争优势。在低成本策略下，企业在市场中销售的主要是标准化产品，相对应的消费者为价格敏感型客户。实施成本领先战略的企业通过低成本低价格的产品进入市场，并且不断地深入和扩张，在成本优势和资产效率优势的前提下，获得更多的市场份额。企业增加创新投入，进行技术革新和工艺革新，完善生产工艺，提高资产的使用效率，以达到实现成本领先战略的目的。

企业实施差异化竞争战略，主要是通过研发并提供具有独特性和差异化的产品或者服务，设计和生产的产品与行业内竞争对手的产品体现出明显的差异性，通过差异性满足相应的消费群体，提高企业的利润率。根据波特的竞争战略理论，企业可以通过多个方面来提高产品的差异性，如新产品和服务的设计开发、营销渠道及广告的创新、品牌效益和公司形象的塑造及提升、功能特色产品的开发等。差异化竞争战略需要企业在产品的研发创新方面投入更多的人力及资源，从而开发出个性化的产品，在拓展现有市场的同时开发新的市场。企业通过挖掘不同客户的个性化需求，提升产品在市场中的竞争力，同时通过个性化的产品，可以提升客户对企业的品牌忠诚度。由于这些客户的价格敏感度低，所以企业通常可以获得较高的利润率。因此，在市场竞争环境下，企业为了实现差异化竞争战略，要增加自身的创新投入。

不同的企业有不同的业务类型，在不同的发展阶段或者不同的地域市场等方面可能实施不同的竞争战略。不管企业是实施成本领先战略还是实施差异化竞争战略，都需要增加企业的创新投入，这并不矛盾。例如，对于相对成熟的市场和同质性很强的产品来说，企业可能需要实施成本领先战略，通过低成本来扩大市场份额，而为实现成本领先战略而实施的技术革新和工艺革新都需要增加企业的创新投入；对于新兴市场来说，企业为追求产品的差异化，可能会先实施差异化竞争战略，在占领新市场之后，再降低成本进而扩大消费群体。

基于以上分析，本章提出研究假设 H2.1 和研究假设 H2.2。

H2.1：企业创新投入会促进企业成本领先战略的实现。

H2.2：企业创新投入会促进企业差异化竞争战略的实现。

4.2 研究设计

4.2.1 样本选取和数据来源

创新对经济增长起到驱动作用（Solow，1956），是经济发展的第一动力。我国实施创新驱动发展战略，坚定不移地走自主创新强国之路。制造业是国民经济的主体，是我国的立国之本，对经济发展影响重大。《中国制造2025》为中国制造业发展和科技创新变革制订了详细的规划，制造业企业的创新能力强弱直接影响到该规划能否顺利实现。作为直接影响并决定企业自主创新水平的R&D 投资，已成为影响企业生存和发展的重要战略性投资。因此，本章选择制造业企业为研究对象，研究分析产品市场竞争对企业创新投入的影响以及企业创新投入对企业竞争战略的影响。

本章的研究对象为我国 2008—2017 年的 A 股制造业企业，数据样本中剔除了以下几类企业：金融保险类企业，ST、*ST、PT 类企业，变量存在缺失的企业，共得到 6 905 个有效企业样本。本章主要数据来源于中国经济金融研究数据库（CSMAR），其中企业研发投入数据来源于 Wind（万得）数据库和CSMAR数据库。为防止极端值导致的结果偏误，本章对主要连续变量极端值进行了缩尾处理。本章使用 Stata 15 对数据进行处理分析。

4.2.2 模型设计

为检验本章假设 H1，分析产品市场竞争对企业创新投入的影响，我们构建了模型（4.1）进行验证。为了检验本章假设 H2.1，分析企业创新投入对企业成本领先战略实现的影响，我们构建了模型（4.2）进行验证。为了检验本章假设 H2.2，分析企业创新投入对企业差异化竞争战略实现的影响，我们构建了模型（4.3）进行验证。

$$
\begin{aligned}
\text{RD}_{i,t} = {} & \beta_0 + \beta_1 \text{Com}_{i,t-1} + \beta_2 \text{Size}_{i,t-1} + \beta_3 \text{Age}_{i,t-1} + \beta_4 \text{ROA}_{i,t-1} + \beta_5 \text{Lev}_{i,t-1} + \\
& \beta_6 \text{Sub}_{i,t-1} + \beta_7 \text{Intangible}_{i,t-1} + \beta_8 \text{Tobin } Q_{i,t-1} + \beta_9 \text{GQZH}_{i,t-1} + \\
& \beta_{10} \text{Institution}_{i,t-1} + \beta_{11} \text{Epu}_{i,t-1} + \sum \text{Industry} + \sum \text{Year} + \varepsilon
\end{aligned} \quad (4.1)
$$

$$\text{Lowcost}_{i,t} = \beta_0 + \beta_1 \text{RD}_{i,t-1} + \beta_2 \text{Size}_{i,t-1} + \beta_3 \text{Age}_{i,t-1} + \beta_4 \text{Lev}_{i,t-1} + \beta_5 \text{Sub}_{i,t-1} +$$
$$\beta_6 \text{Tobin } Q_{i,t-1} + \beta_7 \text{Epu}_{i,t-1} + \sum \text{Industry} + \sum \text{Year} + \varepsilon \qquad (4.2)$$
$$\text{Differ}_{i,t} = \beta_0 + \beta_1 \text{RD}_{i,t-1} + \beta_2 \text{Size}_{i,t-1} + \beta_3 \text{Age}_{i,t-1} + \beta_4 \text{Lev}_{i,t-1} + \beta_5 \text{Sub}_{i,t-1} +$$
$$\beta_6 \text{Tobin } Q_{i,t-1} + \beta_7 \text{Epu}_{i,t-1} + \sum \text{Industry} + \sum \text{Year} + \varepsilon \qquad (4.3)$$

在上述模型中，β_0 为截距项，β_t 为各变量系数，i 为企业个体，t 为时间，ε 为随机扰动项。在模型（4.1）中，企业创新投入（$\text{RD}_{i,t}$）为被解释变量，产品市场竞争（$\text{Com}_{i,t-1}$）为解释变量。在模型（4.2）中，企业创新投入（$\text{RD}_{i,t-1}$）为解释变量，低成本战略（$\text{Lowcost}_{i,t}$）为被解释变量。在模型（4.3）中，企业创新投入（$\text{RD}_{i,t-1}$）为解释变量，差异化竞争战略（$\text{Differ}_{i,t}$）为被解释变量。主要变量定义见表 4.1。

表 4.1 主要变量定义

变量类型	变量名称	变量符号	变量定义
被解释变量	企业创新投入强度	RDta	研发投入/期末总资产
解释变量	产品市场竞争	Com	折旧及息税前利润/销售额
控制变量	企业规模	Size	期末总资产的自然对数
	企业年龄	Age	样本年份减去注册年份后，加 1 取对数
	企业盈利能力	ROA	总资产报酬率
	企业资本结构	Lev	总负债/总资产
	政府补贴强度	Sub	政府补贴收入/主营业务收入
	无形资产比重	Intangible	无形资产净额/总资产
	托宾 Q 值	Tobin Q	企业市场价值/总资产
	股权制衡	GQZH	公司第 2 股东至第 5 股东的持股比例和/第 1 大股东的持股比例
	机构投资者持股比例	Institution	机构投资者持股比例，如果没有持股则取值 0
	经济政策不确定性	Epu	经济政策不确定指数，按年对月度数据取算数平均数
	年度	Year	年度虚拟变量
	行业	Ind	行业虚拟变量

4.2.3 变量定义

4.2.3.1 产品市场竞争

现有文献关于产品市场竞争程度主要有两种类型的衡量指标：第一种类型

是从行业集中度的角度衡量企业所在行业的聚散程度，如赫芬达指数（HHI）
（黄继承 等，2015；徐虹 等，2015；解维敏 等，2016）；第二种类型是从公司
层面出发，测度企业市场势力的价格—成本边际，如勒纳指数（PCM）（吴昊旻
等，2012；张杰 等，2014），以此来体现企业所在行业内的竞争情况。由于本
书主要研究制造业这一特定的行业，如果用传统的 HHI 来衡量，则行业中每
一个企业都被认为具有同样的竞争水平，不能体现每个企业的个体特征及面临
的产品市场竞争程度。本书借鉴张杰 等（2014）的做法，采用 PCM 来衡量产
品市场竞争强度，PCM 等于折旧及息税前利润除以销售额，PCM 越大，竞争
强度越弱（Peress，2010）。为了控制制造行业中其他无关因素的影响，本书
借鉴何玉润 等（2015）和吴昊旻 等（2012）的做法，用企业自身的 PCM 减去
所处行业价值等权的 PCM 均值所得到的超额价格成本边际（EPCM）来衡量
产品市场竞争的强度，用于检验结果的稳健性。借鉴 HHI 的构造方法，按照
证监会 2012 版行业分类，制造业门类包括 C13～C43 共 31 大类，本书将每一
个大类设定为一个细分的行业，构造新的赫芬达指数 $NHHI = \sum_f (X_f/$
$\sum X_f)^2$，用于检验结果的稳健性。为方便分析，本书在处理数据时，将产品
市场竞争的衡量指标 PCM、EPCM、NHHI 都取相反数，则检验结果中的 PCM、
EPCM、NHHI 越大，表示企业面临的竞争强度越强。

4.2.3.2 企业创新投入

企业创新投入表现为研发投入，衡量指标主要有两种：一种是用研发投入
除以总资产（周铭山 等，2017；杨道广 等，2017；王红建 等，2016；钟凯
等，2017；田轩 等，2018；赵子夜 等，2018）；另一种是用研发投入除以营业
收入（顾夏铭 等，2018；刘振 等，2018；杨林 等，2018；张璇 等，2017）。
考虑相对于总资产来说，营业收入更容易受到操纵，本章借鉴田轩 等（2018）
的做法，采用研发投入除以总资产来衡量企业创新投入，用研发投入除以总收
入来验证该结论的稳健性。

4.2.3.3 成本领先战略和差异化战略

成本领先战略主要是通过企业的规模经济，提高经营效率，通过加快资产
的使用效率来达到提高企业的生产经营效率（Hambrick et al.，1984）；差异化
竞争战略则着力提升产品和服务的质量，提高客户对于品牌的认可和忠诚度。
本章借鉴任娟和陈圻（2012）、李健 等（2012）、陈收 等（2014）、雷辉 等
（2015）和柴才 等（2017）的做法，选取总资产周转率来衡量低成本战略，选
取销售费用率来衡量企业的差异化竞争战略。

4.2.3.4 其他变量

在控制变量方面，本章借鉴现有文献（袁建国 等，2015；张劲帆 等，2017；徐晓萍 等，2017；任海云 等，2018；林慧婷 等，2018；顾夏铭 等，2018）的做法，在实证模型中控制了企业规模（Size）、企业年龄即企业成立年限（Age）、资产负债率（Lev）、政府补贴（Sub）、经济政策不确定性（Epu）等变量。此外，本章还考虑了行业和年度的影响。

经济政策不确定，对企业的创新活动及投资活动有很大的影响（Bhatta-charya et al.，2014；饶品贵 等，2017；孟庆斌 等，2017；顾夏铭 等，2018）。本章借鉴饶品贵等（2017）、陈胜蓝等（2017）、顾夏铭等（2018）和彭俞超等（2018）的做法，采用由斯坦福大学、芝加哥大学等合作开发的关于中国经济政策下的"不确定指数"作为经济政策不确定性变量，在模型中予以控制。

4.2.4 描述性统计

表 4.2 为主要变量的描述性统计。从表 4.2 可以看出，在样本期间，制造业创新投入（RDta）的平均值为 0.022，说明研发投入占期末总资产的平均比例为 2.2%，中位数为 0.019，最大值为 0.082，标准差为 0.015，从中可以看出我国制造业上市企业的创新投入并不高，且各企业创新投入之间具有相对较大的差异。在样本期间，制造业产品市场竞争程度平均值为 0.15，说明折旧及息税前利润占收入的平均比例为 15%，最小值为−50.3%，最大值为 66.8%，标准差为 0.125，可见制造业各企业面临的产品市场竞争差异较大①。

表 4.2　主要变量的描述性统计

变量	N	mean	sd	min	p25	p50	p75	max
RDta	6 905	0.022	0.015	0.000	0.011	0.019	0.029	0.082
PCM	6 905	−0.150	0.125	−0.668	−0.206	−0.138	−0.085	0.503
Lowcost	6 905	0.628	0.412	0.003	0.384	0.544	0.758	7.609
Differ	6 905	0.081	0.091	0.000	0.028	0.051	0.096	0.801
Size	6 905	21.900	1.114	19.200	21.100	21.740	22.500	25.210
Age	6 905	2.643	0.405	0.693	2.398	2.708	2.944	3.611
ROA	6 905	0.049	0.037	−0.001	0.017	0.044	0.077	0.114

---

① 为方便分析，本书在处理数据时，将产品市场竞争的衡量指标 PCM、EPCM、NHHI 都取相反数，所以检验结果中的 PCM、EPCM、NHHI 越大，表示企业面临的竞争强度越强。因此，在表 4.2 中的 PCM 平均数为负数。

表4.2(续)

变量	N	mean	sd	min	p25	p50	p75	max
Lev	6 905	0.386	0.179	0.136	0.229	0.375	0.530	0.691
Sub	6 905	0.014	0.018	0.000	0.003	0.007	0.015	0.116
Intangible	6 905	0.047	0.036	0.000	0.024	0.039	0.059	0.231
Tobin Q	6 905	2.514	1.977	0.267	1.197	1.957	3.234	12.390
GQZH	6 905	0.689	0.569	0.024	0.247	0.534	0.967	2.746
Institution	6 905	0.051	0.044	0.001	0.016	0.040	0.074	0.214
Epu	6 905	203.200	92.960	82.250	123.600	181.300	244.400	364.800

4.3 实证结果和分析

4.3.1 产品市场竞争对企业创新投入的影响

表4.3中报告了产品市场竞争对企业创新投入的多元回归分析结果，并在公司层面进行聚类处理。被解释变量均为下一期的企业创新投入（RDta），控制了企业规模、企业年龄、资产负债率等公司特征变量，控制了年度效应和行业效应。回归（1）的解释变量是当期的产品市场竞争（PCM）连续变量。从回归（1）可以看出，产品市场竞争与企业创新投入之间在1%的水平上显著为正，系数是0.033。回归（2）的解释变量是当期的产品市场竞争虚拟变量（NPCM）。从回归（2）中可以看出，产品市场竞争对企业创新投入边际影响虽然有所下降，但仍然在1%的统计水平上显著为正，其系数为0.008。本章借鉴饶品贵和徐子慧（2017）的做法，将PCM从低高进行排序后按照五分位分为五组，然后标准化为0~1之间的变量（NNPCM）。由于该变量（NNPCM）的设定介于连续变量和虚拟变量之间，兼具两者的优点，回归（3）的解释变量为该度量方式下的产品市场竞争（NNPCM），可以看出，产品市场竞争与企业创新投入在1%的水平上显著为正，系数是0.019。在控制变量方面，企业盈利能力（ROA）在3个回归中均在1%的统计水平上显著为正，说明企业盈利能力越强，越能促进研发投入，这与何玉润等（2015）的实证结果一致。上述回归结果均表明，产品市场竞争对企业创新投入有促进作用，本章假设H1得到验证。

表 4.3　产品市场竞争对企业创新投入的多元回归分析结果

变量	（1）fRDta	（2）fRDta	（3）fRDta
PCM	0.033*** （10.22）	—	—
NPCM	—	0.008*** （11.89）	—
NNPCM	—	—	0.019*** （14.06）
Size	−0.001 （−1.28）	−0.001** （−2.39）	−0.001** （−1.99）
Age	−0.002** （−2.27）	−0.002*** （−2.63）	−0.002*** （−2.82）
ROA	0.140*** （12.77）	0.131*** （12.91）	0.166*** （14.91）
Lev	−0.001 （−0.68）	−0.001 （−0.25）	−0.002 （−0.90）
Sub	0.112*** （5.33）	0.112*** （5.42）	0.135*** （6.49）
Intangible	−0.029*** （−3.25）	−0.024*** （−2.77）	−0.024*** （−2.86）
Tobin Q	0.001*** （3.30）	0.001*** （2.84）	0.001*** （3.01）
GQZH	0.000 （0.34）	0.000 （0.26）	0.000 （0.51）
Institution	0.013*** （2.66）	0.015*** （2.84）	0.015*** （2.90）
Epu	0.000 （0.88）	0.000 （1.42）	0.000 （1.50）
Constant	0.022** （2.46）	0.022** （2.45）	0.009 （1.02）
年度效应	控制	控制	控制
行业效应	控制	控制	控制
N	6 905	6 905	6 905
Adj. R^2	0.201	0.199	0.225

注：***、** 分别表示在 1% 和 5% 的显著性水平下显著；括号内的数值为 t 值。

4.3.2 企业创新投入对成本领先战略实现的影响

表4.4中报告了企业创新投入影响成本领先战略实现的多元回归分析结果,并在公司层面进行聚类处理。被解释变量均为下一期的低成本领先战略(Lowcost),控制了企业规模、企业年龄、资产负债率等公司特征变量,控制了年度效应和行业效应。回归(1)的解释变量是当期的企业创新投入连续变量(RDta)。从回归(1)可以看出,企业创新投入与成本领先战略实现之间在1%的水平上显著为正,系数是6.898。回归(2)的解释变量是当期的企业创新投入虚拟变量(NRDta)。从回归(2)中可以看出,企业创新投入对成本领先战略实现的影响虽然有所下降,但仍然在1%的统计水平上显著为正,其系数为0.164。本章借鉴饶品贵和徐子慧(2017)的做法,将RDta从低到高进行排序后按照五分位分为五组,然后标准化为0和1之间的变量(NNRDta)。由于该变量的设定介于连续变量和虚拟变量之间,兼具两者的优点,回归(3)的解释变量为该度量方式下的企业创新投入(NNRDta),可以看出,企业创新投入与成本领先战略实现在1%的水平上显著为正,系数是0.348。在控制变量方面,企业年龄(Age)、资产负债率(Lev)在3个回归中均显著为正,说明制造业企业的成立年限越长,资产负债率越高,越倾向于实施成本领先战略。上述回归结果均表明,企业创新投入对成本领先战略的实现有促进作用,本章假设H2.1得到验证。

表4.4 企业创新投入影响成本领先战略实现的多元回归分析结果

变量	(1) fLowcost	(2) fLowcost	(3) fLowcost
RDta	6.898*** (10.65)	—	—
NRDta	—	0.164*** (10.65)	—
NNRDta	—	—	0.348*** (10.77)
Size	0.019* (1.84)	0.017 (1.59)	0.021* (1.96)
Age	0.075*** (3.49)	0.069*** (3.15)	0.074*** (3.45)

表4.4(续)

变量	（1） fLowcost	（2） fLowcost	（3） fLowcost
Lev	0.466*** （7.91）	0.462*** （7.75）	0.469*** （7.94）
Sub	−5.548*** （−15.18）	−5.105*** （−14.48）	−5.226*** （−14.84）
Intangible	−0.292 （−1.52）	−0.333* （−1.73）	−0.251 （−1.30）
ROA	0.940*** （3.94）	1.071*** （4.58）	0.897*** （3.72）
Epu	−0.001*** （−3.07）	−0.001*** （−3.21）	−0.001*** （−3.02）
Constant	0.181 （0.86）	0.312 （1.44）	0.090 （0.43）
年度效应	控制	控制	控制
行业效应	控制	控制	控制
N	6 905	6 905	6 905
Adj. R^2	0.199	0.180	0.192

注：***、**、*分别表示在1%、5%和10%的显著性水平下显著；括号内的数值为 t 值。

4.3.3　企业创新投入对差异化竞争战略实现的影响

表4.5中报告了企业创新投入对差异化竞争战略实现的多元回归分析结果，并在公司层面进行聚类处理。被解释变量均为下一期的差异化竞争战略（Differ），控制了企业规模、企业年龄、资产负债率等公司特征变量，控制了年度效应和行业效应。回归（1）的解释变量是当期的企业创新投入连续变量（RDta）。从回归（1）可以看出，企业创新投入与差异化竞争战略实现之间在1%的水平上显著为正，系数是0.398。回归（2）的解释变量是当期的企业创新投入虚拟变量（NRDta）。从回归（2）中可以看出，企业创新投入对差异化竞争战略实现的影响虽然有所下降，但仍然在1%的统计水平上显著为正，其系数为0.009。本章借鉴饶品贵和徐子慧（2017）的做法，将 RDta 从低到高进行排序后按照五分位分为五组，然后标准化为 0 和 1 之间的变量（NNRDta）。由于该变量的设定介于连续变量和虚拟变量之间，兼具两者的优点，回归（3）的解释变量为该度量方式下的企业创新投入（NNRDta），可以

看出，企业创新投入（NNRDta）与差异化竞争战略（Differ）实现在1%的水平上显著为正，系数是0.018。在控制变量方面，衡量财务风险的资产负债率（Lev）在三个回归中都在1%的水平上显著为负，政府补贴（Sub）、盈利能力（ROA）在三个回归中均在1%的水平上显著为正，说明制造业企业财务杠杆越低，企业收到的政府补贴越高，盈利能力越强，越倾向于实施差异化竞争战略。上述回归结果均表明，企业创新投入对差异化竞争战略实现有促进作用，本章假设H2.2得到验证。

表4.5 企业创新投入对差异化竞争战略实现的多元回归分析结果

变量	（1） fDiffer	（2） fDiffer	（3） fDiffer
RDta	0.398^{***} （3.00）	—	—
NRDta	—	0.009^{***} （2.59）	—
NNRDta	—	—	0.018^{***} （2.59）
Size	-0.003 （-1.34）	-0.003 （-1.42）	-0.003 （-1.34）
Age	0.007 （1.32）	0.007 （1.25）	0.007 （1.30）
Lev	-0.063^{***} （-4.57）	-0.063^{***} （-4.57）	-0.062^{***} （-4.54）
Sub	0.465^{***} （4.88）	0.491^{***} （5.21）	0.485^{***} （5.13）
Intangible	0.053 （1.06）	0.050 （1.01）	0.054 （1.09）
ROA	0.327^{***} （5.58）	0.335^{***} （5.83）	0.329^{***} （5.65）
Epu	0.000 （0.27）	0.000 （0.19）	0.000 （0.27）
Constant	0.158^{***} （3.59）	0.166^{***} （3.79）	0.155^{***} （3.49）
年度效应	控制	控制	控制
行业效应	控制	控制	控制
N	6 905	6 905	6 905
Adj. R^2	0.165	0.163	0.164

注：***表示在1%的显著性水平下显著；括号内的数值为t值。

4.3.4 进一步分析：产品市场竞争、企业创新投入与企业竞争战略实现

企业在面对竞争时可采取成本领先战略、差异化竞争战略和集中战略，集中战略是在某一特定细分领域运用差异化竞争战略、成本领先战略或两者兼而有之（Porter，1980）。当产品竞争程度不同时，企业会如何选择竞争战略？企业会更偏重于某一种战略还是同时实施多种战略？而为达到这种战略增加的研发投入是否会正向促进该战略的实施？这是下面我们要重点研究的问题。

我们将产品市场竞争按照分位数分成四组，分别如表4.6所示。被解释变量为差异化竞争战略，解释变量为企业创新投入。从表4.6中可以看出，当产品市场竞争最低的时候，回归（1）中的企业创新投入的估计系数为0.956，且在1%的水平上显著；当竞争程度逐渐增强时，回归（2）中的企业创新投入的估计系数虽然有所下降，系数为0.551，但仍在10%的水平上显著；当竞争程度继续增强时，企业创新投入的增加并不能显著促进企业的差异化竞争战略的实现；当竞争程度最高的时候，企业创新投入的估计系数有所提高，且在10%的水平上显著。这说明，面对不同程度的市场竞争，企业在竞争程度相对较低和竞争程度最高的时候，都会通过增加企业创新投入来促进企业差异化竞争战略的实现。

表4.6 产品市场竞争、企业创新投入与差异化竞争战略的实现

变量	（1） fDiffer	（2） fDiffer	（3） fDiffer	（4） fDiffer
RDta	0.956 *** （2.61）	0.551 * （1.89）	0.029 （0.17）	0.209 * （1.72）
Size	−0.004 （−0.82）	−0.001 （−0.38）	−0.006 ** （−2.12）	−0.001 （−0.63）
Age	0.006 （0.46）	0.022 ** （2.45）	0.001 （0.19）	0.000 （0.02）
Lev	−0.071 ** （−2.18）	−0.102 *** （−4.72）	−0.020 （−1.09）	−0.050 *** （−2.87）
Sub	0.419 ** （2.49）	0.375 ** （2.37）	0.529 *** （3.27）	0.573 *** （3.56）
Intangible	−0.028 （−0.28）	−0.038 （−0.48）	0.134 * （1.70）	0.079 （1.25）

表4.6(续)

变量	（1） fDiffer	（2） fDiffer	（3） fDiffer	（4） fDiffer
ROA	0.341 *** （2.73）	0.264 ** （2.49）	0.297 *** （2.67）	−0.252 ** （−2.12）
Epu	0.000 （1.54）	−0.000 （−0.76）	−0.000 （−0.46）	0.000 （0.25）
Constant	0.148 （1.38）	0.127 * （1.70）	0.246 *** （3.51）	0.168 *** （3.52）
年度效应	控制	控制	控制	控制
行业效应	控制	控制	控制	控制
N	1 730	1 725	1 728	1 722
Adj. R^2	0.212	0.151	0.136	0.146

注：*** 、** 、* 分别表示在1%、5%和10%的显著性水平下显著；括号内的数值为 t 值。

我们将产品市场竞争按照分位数分成四组，分别如表4.7所示。被解释变量为成本领先战略，解释变量为企业创新投入。从表4.7中可以看出，不论在产品市场竞争高低的情况下，企业创新投入对成本领先战略的影响都显著为正。回归（1）所示在竞争程度最低的时候，企业创新投入的估计系数为2.960，且在1%的水平下显著；当竞争逐渐增强到回归（2）时，企业创新投入估计系数虽有所下降，但仍然在1%的水平下显著；当竞争逐渐增强时，估计系数如回归（3）和回归（4）所示也逐渐提高；当竞争最强时，显著性水平从1%下降到5%，但仍然是显著为正。这说明，对于制造业企业来说，无论产品市场竞争环境如何变化，成本领先战略都需要企业重点关注。

表 4.7　产品市场竞争、企业创新投入与成本领先战略的实现

变量	（1） fLowcost	（2） fLowcost	（3） fLowcost	（4） fLowcost
RDta	2.960 *** （5.56）	1.264 *** （2.86）	2.242 *** （4.06）	3.584 ** （2.48）
Size	−0.002 （−0.28）	0.018 ** （2.29）	0.014 （1.58）	0.028 （1.26）
Age	0.023 （1.44）	0.015 （1.04）	0.027 （1.52）	0.147 *** （2.81）

表4.7(续)

变量	(1) fLowcost	(2) fLowcost	(3) fLowcost	(4) fLowcost
Lev	0.234 ***	0.226 ***	0.324 ***	0.338 ***
	(5.22)	(5.22)	(6.26)	(2.69)
Sub	−1.621 ***	−1.170 ***	−2.392 ***	−6.369 ***
	(−7.17)	(−4.90)	(−6.51)	(−7.03)
Intangible	0.220	0.275	0.217	−1.102 ***
	(1.40)	(1.59)	(1.00)	(−3.09)
ROA	2.692 ***	4.307 ***	6.455 ***	10.906 ***
	(14.63)	(19.30)	(16.98)	(5.33)
Epu	−0.000	−0.000 **	−0.001 ***	−0.001
	(−0.55)	(−2.07)	(−3.43)	(−1.23)
Constant	0.207	−0.007	0.223	0.020
	(1.21)	(−0.04)	(1.19)	(0.04)
年度效应	控制	控制	控制	控制
行业效应	控制	控制	控制	控制
N	1 730	1 725	1 728	1 722
Adj. R^2	0.363	0.477	0.516	0.307

注：***、** 分别表示在1%和5%的显著性水平下显著；括号内的数值为 t 值。

企业创新可以理解为是将新的生产要素与生产条件的组合融入原有的生产体系中的过程，它是对原有体系的革新，通常这种革新会带来效率的提升和绩效的改善。无论产品市场竞争水平是高还是低，企业都需要推进成本领先战略，通过增加企业研发投入，改进产品的设计，降低产品成本，提高运营效率，占领更多的市场份额。当企业面临的市场竞争较低或者竞争最高时，还需要通过增加研发投入来促进差异化竞争战略的实现。由于企业研发创新具有周期长、风险大的特点，企业的差异化竞争战略面临着一定的风险。当市场竞争程度较低时，企业更有动力去实施差异化竞争战略；当竞争程度逐渐提高时，企业实施差异化竞争战略的动力有所下降；当竞争程度非常高时，企业仅通过成本领先战略占领市场份额还不够，还需要配合实行差异化竞争战略来打造个性化的产品，进入现有市场或开拓新的市场。因此，企业可根据不同情况，配合实施成本领先战略和差异化竞争战略。

4.4 稳健性检验

为了验证研究结论的有效性和可靠性，本章进行了相应的稳健性检验。

首先，变换产品市场竞争的衡量方式。为了控制制造行业中其他无关因素的影响，我们借鉴何玉润等（2015）、吴昊旻等（2012）的做法，用企业自身的 PCM 减去所处行业价值等权的 PCM 均值所得到的超额价格成本边际（EPCM）来衡量产品市场竞争的强度。EPCM 越大，企业面临的竞争强度越弱。为方便分析，在处理数据时，我们将 EPCM 取相反数，则检验结果中的 EPCM 越大，表示企业面临的竞争强度越强。

表 4.8 中报告了产品市场竞争对企业创新投入的多元回归分析结果，并在公司层面进行聚类处理。被解释变量均为下一期的企业创新投入（RDta），回归（1）的解释变量是当期的产品市场竞争连续变量（EPCM），对企业创新投入的估计系数为 0.001，在 1% 的水平上显著为正；回归（2）的解释变量是当期的产品市场竞争虚拟变量（NEPCM），对企业创新投入的估计系数为 0.006，在 1% 的水平上显著为正；回归（3）是借鉴饶品贵和徐子慧（2017）的做法，将 EPCM 从低到高进行排序后按照五分位分为五组，然后标准化为 0 和 1 之间生成的变量（NNEPCM），对企业创新投入的估计系数为 0.014，在 1% 的水平上显著为正，与前文的研究结论保持一致。

表 4.8　产品市场竞争对企业创新投入的多元回归分析结果

（基于扣除行业价值等权的超额价格成本边际）

变量	（1） fRDta	（2） fRDta	（3） fRDta
EPCM	0.001 *** (2.94)	—	—
NEPCM	—	0.006 *** (11.43)	—
NNEPCM	—	—	0.014 *** (12.53)
Size	−0.001 ** (−2.43)	−0.001 ** (−2.32)	−0.001 ** (−2.15)

变量	（1） fRDta	（2） fRDta	（3） fRDta
Age	−0.002 ** （−2.08）	−0.002 ** （−2.46）	−0.002 ** （−2.57）
ROA	0.081 *** （8.76）	0.117 *** （12.02）	0.137 *** （13.24）
Lev	0.001 （0.62）	0.000 （0.11）	−0.001 （−0.28）
Sub	0.075 *** （3.61）	0.099 *** （4.83）	0.112 *** （5.40）
Intangible	−0.026 *** （−2.93）	−0.025 *** （−2.83）	−0.024 *** （−2.80）
Tobin Q	0.001 *** （2.89）	0.001 *** （2.94）	0.001 *** （2.94）
GQZH	−0.000 （−0.16）	0.000 （0.24）	0.000 （0.35）
Institution	0.014 *** （2.65）	0.014 *** （2.76）	0.014 *** （2.76）
Epu	0.000 （1.10）	0.000 ** （2.02）	0.000 （1.12）
Constant	0.030 *** （3.15）	0.020 ** （2.22）	0.016 * （1.68）
年度效应	控制	控制	控制
行业效应	控制	控制	控制
N	6 905	6 905	6 905
Adj. R^2	0.156	0.185	0.199

注：***、**、* 分别表示在1%、5%和10%的显著性水平下显著；括号内的数值为 t 值。

其次，变换企业创新投入和产品市场竞争的衡量方式。前文的企业创新投入变量是基于总资产去规模化的，表4.9中报告的回归（1）的被解释变量借鉴杨林等（2018）、顾夏铭等（2018）、张璇等（2017）的做法，用企业研发投入与营业收入的比来衡量企业创新投入（RDic），回归（2）的被解释变量是企业创新投入（RDta）。回归（1）和回归（2）的解释变量参照赫芬达指数构造的市场集中度指标，按照证监会2012版行业分类，制造业门类包括C13~

C43 共 31 大类，将每一个大类设定为一个细分的行业，NHHI = $\sum_f (X_f /$ $\sum X_f)^2$（X_f为企业 f 的销售额，用主营业务收入代替）。为方便分析，在处理数据时，我们将 NHHI 取相反数，则检验结果中的 NHHI 越大，表示企业面临的竞争强度越强。回归（1）的解释变量对企业创新投入的估计系数为 2.036，在 1% 的水平上显著为正；回归（2）的解释变量对企业创新投入的估计系数为 0.008，在 1% 的水平上显著为正，与前文的研究结论保持一致。

表 4.9　产品市场竞争对企业创新投入（基于赫芬达指数）的多元回归分析结果

变量	(1) fRDic	(2) fRDta
NHHI	2.036 ***	0.008 ***
	(6.06)	(2.92)
Size	0.067	−0.001 **
	(1.37)	(−2.32)
Age	−0.504 ***	−0.002 **
	(−4.56)	(−2.07)
ROA	3.811 ***	0.080 ***
	(3.34)	(8.66)
Lev	−1.961 ***	0.002
	(−6.72)	(0.74)
Sub	26.059 ***	0.071 ***
	(9.65)	(3.48)
Intangible	−2.253 **	−0.026 ***
	(−2.14)	(−2.89)
Tobin Q	0.151 ***	0.001 ***
	(4.76)	(2.84)
GQZH	0.090	−0.000
	(1.22)	(−0.19)
Institution	4.601 ***	0.013 **
	(6.30)	(2.54)
Epu	−0.007 ***	−0.000
	(−5.45)	(−0.26)
Constant	1.071	0.035 ***
	(0.92)	(3.65)

变量	（1） fRDic	（2） fRDta
年度效应	控制	控制
行业效应	控制	控制
N	6 905	6 905
Adj. R^2	0.394	0.159

注：***、** 分别表示在1%和5%的显著性水平下显著；括号内的数值为 t 值。

最后，变换成本领先战略的衡量方式。成本领先战略主要是通过加快资产的使用效率来提高企业的生产经营效率，表4.10借鉴李健等（2012）、雷辉等（2015）的做法，用企业固定资产周转率来衡量企业的成本领先战略。回归（1）的解释变量是当期的企业创新投入连续变量（RDta），对固定资产周转率的估计系数为47.433，在1%的水平上显著为正；回归（2）的解释变量是当期的企业创新投入虚拟变量（NRDta），对企业创新投入的估计系数为0.816，在1%的水平上显著为正；回归（3）是借鉴饶品贵和徐子慧（2017）的做法，将 RDta 从低到高进行排序后按照五分位分为五组，然后标准化为0和1之间生成的变量（NNRDta），对企业创新投入的估计系数为1.758，在1%的水平上显著为正，与前文的研究结论保持一致。

表4.10　企业创新投入对成本领先战略（更换变量衡量方式）的多元回归分析结果

变量	（1） fLowcost	（2） fLowcost	（3） fLowcost
RDta	47.433 *** (6.94)	—	—
NRDta	—	0.816 *** (5.87)	—
NNRDta	—	—	1.758 *** (5.87)
Size	0.021 (0.22)	−0.016 (−0.17)	0.003 (0.04)
Age	0.723 *** (3.30)	0.667 *** (2.99)	0.697 *** (3.13)
Lev	2.248 *** (3.84)	2.273 *** (3.81)	2.305 *** (3.87)

表4.10(续)

变量	(1) fLowcost	(2) fLowcost	(3) fLowcost
Sub	−19.292 ***	−16.064 ***	−16.684 ***
	(−3.94)	(−3.15)	(−3.31)
Intangible	−9.873 ***	−10.358 ***	−9.933 ***
	(−4.91)	(−5.08)	(−4.85)
ROA	17.563 ***	19.534 ***	18.613 ***
	(6.99)	(7.60)	(7.20)
Epu	0.001	0.001	0.002
	(1.04)	(0.86)	(1.08)
Constant	−0.340	0.974	−0.162
	(−0.17)	(0.50)	(−0.08)
年度效应	控制	控制	控制
行业效应	控制	控制	控制
N	6 905	6 905	6 905
Adj. R^2	0.116	0.096	0.100

注: *** 、** 分别表示在1%和5%的显著性水平下显著; 括号内的数值为 t 值。

5 不同公司治理机制下，产品市场竞争与企业创新投入

上一章研究了产品市场竞争对企业创新投入的影响，在面对激烈的产品市场竞争时，企业将加大对技术创新的投入力度，以此达到实现成本领先战略或差异化竞争战略目标的目的。在此基础上，本章进一步研究，企业是否有意愿去进行创新投入呢？本章研究在代理冲突的影响下，不同的公司治理模式是怎样影响产品市场竞争对企业创新投入的促进作用的。

为此，本章基于 2008—2017 年的中国沪深 A 股制造业企业的样本数据，通过实证研究主要讨论四个问题：①不同产权性质即国有企业和非国有企业对产品市场竞争促进企业创新投入的调节作用是否不同；②高管激励即股权激励和货币薪酬激励是否能分别促进产品市场竞争对企业创新投入的正向影响；③技术专家型董事占比越高是否对产品市场竞争促进企业创新投入的调节作用越强；④董事长或者 CEO 的技术专长以及股权集中度如何影响产品市场竞争对企业创新投入的促进作用。

本章从产权性质、不同高管激励水平、不同技术专家型董事占比三个方面分析企业在不同的公司治理下产品市场竞争对企业创新投入的影响。研究发现：①在非国有企业中，产品市场竞争对企业创新投入的正向作用显著高于国有企业；②在高管激励方面，不论是股权激励还是货币薪酬激励都能够显著促进产品市场竞争对企业创新投入的正向影响；③技术专家型董事在董事会中占比越高，产品市场竞争对企业创新投入的促进作用越强。为检验上述结果的稳健性，本章采用更换变量的衡量方式，倾向于使用匹配得分法和配对方法进行检验，依然支持上述的结论。本章进一步分析后发现，董事长或 CEO 有技术专长会显著促进产品市场竞争对企业创新投入的正向影响。此外，企业的股权越集中，产品市场竞争对企业创新投入的促进作用越强。

5.1 理论分析与研究假设

5.1.1 不同产权性质下产品市场竞争对企业创新投入的影响

国有企业在我国国民经济和社会发展中的作用举足轻重，国有企业承担着社会责任，保障着重大基础产业运行，是经济发展的有力保障（李钢 等，2016）。在中国特色社会主义市场经济体制下（周文 等，2019），国有企业和非国有企业由于产权性质的不同，企业在组织结构、代理问题、治理机制、政策性任务以及对外部资源的获取能力方面存在较大的差异。由于这些方面差异的存在，即使面临同样的产品市场竞争环境，非国有企业也比国有企业对于市场竞争的认知更敏锐，创新动机也更强烈（赵兴庐 等，2014；唐跃军 等，2014；余明桂 等，2015）。

首先，国有企业更容易获得政府的扶持。政府是稀缺资源的分配者，也是市场中的重要购买方，国有企业可能更容易且获得更多的政府资源和社会资源。同时，政府采购等方式也可能对国有企业有一定的扶持作用，使得国有企业受到来自市场的竞争压力相对较小（栾强 等，2017）。而非国有企业由于本身产权背景的因素，想要在残酷的市场竞争中生存和发展，就需要推动创新来获取竞争的资本。

其次，政府可以对国有企业提供一定的保护和支持。在知识产权保护制度还不够成熟的情况下，政治关联可以作为法律保护的替代机制（Bai et al.，2006；王海成 等，2016），政府干预可以使国有企业的研发溢出损失降到最低。同时，国有企业在信贷方面具有较大优势，也更容易获得政府补助。在这样的情况下，产品市场竞争给国有企业在经营发展中带来的压力刺激将会减弱，这可能导致国有企业减少对于创新项目的投入，反而更关注于如何获得政府补助及提升能带来政绩的项目。相比较而言，非国有企业从政府方面获得的扶持较少，在社会资源的占有方面处于劣势。在激烈的产品市场竞争下，如果产品服务落后，就会直接影响其经营业绩和现金流，从而被市场淘汰。因此，在面临激烈的市场竞争环境时，非国有企业只能依靠自身的发展，对创新项目进行投入，从而升级自己的产品和服务，提升运营效率，获取竞争优势。

此外，国有企业特殊的产权背景使其背负了更多的社会责任。国有企业不仅要注重经济目标的实现，还要兼顾社会目标的落实，既要保证一定的盈利能力，又要实现给社会提供服务和维护社会稳定如维持就业等政治目标（徐悦等，2018）；而非国有企业则更关注于自身的生存和发展。同时，国有企业存在较为严重的委托代理和预算软约束问题（吴延兵，2012）。一些有投机行为的代理人可能使企业的资源配置不合理或效率低下；出于自身利益和升职等方面考虑，理性的代理人可能会选择投资周期短、回报快的政绩项目（曾铖 等，2014），由此使得国有企业的创新投入不足。基于以上分析，本章提出研究假设 H1。

H1：在非国有企业中，产品市场竞争对企业创新投入的正向作用显著高于国有企业。

5.1.2 不同高管激励水平下产品市场竞争对企业创新投入的影响

高管作为生产经营活动的管理者，其对创新的重视程度和创新意识在产品市场竞争对企业创新投入的影响中发挥着重要的作用。在激烈的产品市场竞争中，企业应进行一定的研发投入来保证自身的长远发展，而高管负责组织实施经营计划和投资方案，企业是否能进行研发投入受到高管创新意愿的影响。

高管在形成战略决策时会优先考虑其个人利益，而企业的经营状况会直接影响其收入和职业前景。企业创新投入的周期性长且风险较高，在创新研发、产品测试等阶段都存在很大的不确定性。虽然对于企业来说未来可能有较高收益，但研发初期可能是亏损的，若研发失败甚至可能血本无归。随着产品市场竞争愈发激烈，企业创新面临的被模仿风险和产品替代风险也相应提高。高管受雇于特定企业，其职位的稳定性和收入的增减往往与任职企业的业绩紧密相关，由于高管无法分散任职企业创新投入给个人带来的风险，可能会基于自身考虑，为了规避风险而放弃创新活动的投资（Tosi et al.，2000），从而导致企业的创新投入不足。

正因此，企业需要建立和执行相应的创新激励机制，通过配套的制度缓解委托代理问题，通过创新利益共享等方式使管理者在面对产品市场竞争时，能够更加积极地参与创新活动。根据委托代理理论，委托人和代理人追求的目标是不一致的。高管激励机制是为了降低高管在公司管理过程中的代理成本，在一定程度上缓解委托代理问题，提升高管对于创新投入项目的风险承担能力，通过把企业创造的超额收益与高管分享的方式来激励高管勇于创新、愿意创新，将高管与公司股东的利益深度绑定，使管理者在风险和收益之间做到合理平衡，从而在高管层面保障竞争推动创新投入的传导机制有效运行。

高管薪酬激励主要分为股权激励和货币薪酬激励。在股权激励中，高管的薪酬和职业发展与企业的未来发展密切相关。股权激励能够改善高管与股东之间的代理问题，使得高管在竞争中不仅要考虑企业短期绩效，还要考虑与自身利益相"捆绑"企业的长期绩效，加强高管与股东之间的利益共享和风险共担，避免高管的短视行为。短期薪酬激励能够促进企业研发项目的投入（刘华芳 等，2014）。在产品市场竞争中，可量化的货币薪酬会对高管的期望有一定的引导作用，将薪酬明确量化可以激励高管的全情投入，增强高管应对研发创新可能带来的风险承担能力，激励管理者支持企业创新投入。

股权激励和货币薪酬激励的本质是通过缓解委托代理问题，将高管的个人利益与公司的利益实现一定程度的绑定，高管可以通过货币及持股方式共享到企业的收益，从而加强企业在产品市场竞争下面临创新投入不确定性的抗风险能力，增强其参与创新活动的意愿，通过管理层的经营及决策加强产品市场竞争对企业创新的正向影响。基于以上分析，本章提出研究假设 H2.1 和研究假设 H2.2。

H2.1：高管股权激励能够增强产品市场竞争对企业创新投入的正向作用。

H2.2：高管货币薪酬激励能够增强产品市场竞争对企业创新投入的正向作用。

5.1.3 不同技术专家型董事占比下产品市场竞争对企业创新投入的影响

董事会负责指挥和管理企业及其经营活动，产品市场竞争对企业创新投入的作用同时要受董事会成员创新意愿的影响，董事会中各位董事个人特质、知识体系、认知观的不同会影响企业做出的战略选择，进而影响企业的创新投入。技术型董事可以增强产品市场竞争对企业创新投入的促进作用。

首先，技术专家型董事可以发挥"专家效应"，凭借其多年积累的专业技术知识和专业经验，了解先进技术的发展动态，针对在面对产品市场竞争时是否加大创新投入力度的问题上，可以扩大董事会对于企业创新战略的决策考虑范围，加快企业创新的战略变革（胡元木 等，2017）。基于对技术专家型董事专业知识的认可，其提出或支持的创新方案更容易被他人所接受，因而增加了将潜在的创新意愿转化为创新投入的可行性。

其次，技术专家型董事可以发挥"顾问效应"，使管理层更了解行业发展的趋势。在面临激烈的产品市场竞争时，技术专家型董事可以提供专家意见，通过分析同行业竞争企业和本企业技术上的优势和劣势，识别良好的市场机会，促使企业采取与行业发展趋势相吻合的战略，为企业在产品竞争市场中取得竞争先机，并且减小创新失败的概率，降低创新投入的风险，从而提高企业管理层对于经营风险的把控能力。

此外，技术专家型董事可以通过对技术的了解，减少创新活动信息不对称的影响，促进董事会对企业创新投入的支持。从创新项目的特点来讲，企业创新能力和创新信息是企业竞争力的重要组成部分。为防止竞争对手获得创新活动的相关信息，企业对于创新活动的保密工作比较严格，所以创新活动具有信息不对称的特点。一般只有专业人员才能够深入了解创新活动技术开发的可行性，技术专家型董事的加入不仅能识别可能出现的管理层对研发费用的操控（胡元木 等，2016），而且通过对拟投资的创新活动进行专业判断还可以在一定程度上缓解创新活动信息的不对称性，减少创新活动的高风险和高不确定性可能给企业经营发展带来的不利影响，并通过增加创新投入达成实现竞争战略的目的。

基于以上分析，本章提出研究假设 H3。

H3：技术专家型董事占比提升对产品市场竞争促进企业创新投入有正向调节作用。

5.2 研究设计

5.2.1 样本选取和数据来源

创新对经济增长起到驱动作用（Solow，1956），是经济发展的第一动力，我国实施创新驱动发展战略，坚定不移地走自主创新强国之路。制造业是国民经济的主体，是我国的立国之本，对经济发展影响重大。《中国制造 2025》为中国制造业发展和科技创新变革制订了详细的规划，制造业企业的创新能力直接影响到该规划能否顺利实现。作为直接影响并决定企业自主创新水平的 R&D 投资，已成为影响企业生存和发展的重要战略性投资行为。本章选择制造业企业为研究对象，研究分析不同产权性质下、不同高管激励水平下和不同技术专家型董事占比情况下，产品市场竞争对企业创新投入的影响。

本章的研究对象为我国 2008—2017 年的 A 股制造业企业，数据样本中剔除了以下几类企业：金融保险类企业，ST、*ST、PT 类企业，变量存在缺失的企业，共得到 7 663 个有效企业样本。本章主要数据来源于 CSMAR 数据库，其中企业研发投入数据来源于 Wind 数据库和 CSMAR 数据库。技术专家型董事和董事长及 CEO 技术专长数据来源于 CSMAR 数据库，是通过对样本区间各公司董事及 CEO 的个人简历进行逐条筛选及手工收集，董事及 CEO 的个人简历来源于 CSMAR 数据库。为防止极端值导致的结果偏误，我们对主要连续变量极端值进行了缩尾处理。本章使用 Excel 2016 及 Stata 15 进行数据的处理和分析。

5.2.2 模型设计

为验证本章假设 H1，分析不同产权性质作用下产品市场竞争对企业创新投入的影响，本章构建模型（5.1）。为分别验证本章假设 H2.1 和假设 H2.2，股权激励和货币薪酬激励下产品市场竞争对企业创新投入的影响，本章构建模型（5.2）和模型（5.3）。为验证本章假设 H3，技术专家型董事占比情况对于产品市场竞争对企业创新投入的影响，本章构建模型（5.4）。

$$RD_{i,t} = \beta_0 + \beta_1 Com_{i,t-1} + \beta_2 Com_{i,t-1} \times State_{i,t-1} + \beta_3 State_{i,t-1} +$$
$$\sum Control_{i,t-1} + \sum Industry + \sum Year + \varepsilon \qquad (5.1)$$

$$RD_{i,t} = \beta_0 + \beta_1 Com_{i,t-1} + \beta_2 Com_{i,t-1} \times HGhold_{i,t-1} + \beta_3 HGhold_{i,t-1} +$$
$$\sum Control_{i,t-1} + \sum Industry + \sum Year + \varepsilon \qquad (5.2)$$

$$RD_{i,t} = \beta_0 + \beta_1 Com_{i,t-1} + \beta_2 Com_{i,t-1} \times SumSalary_{i,t-1} + \beta_3 SumSalary_{i,t-1} +$$
$$\sum Control_{i,t-1} + \sum Industry + \sum Year + \varepsilon \qquad (5.3)$$

$$RD_{i,t} = \beta_0 + \beta_1 Com_{i,t-1} + \beta_2 Com_{i,t-1} \times TEDR_{i,t-1} + \beta_3 TEDR_{i,t-1} +$$
$$\sum Control_{i,t-1} + \sum Industry + \sum Year + \varepsilon \qquad (5.4)$$

在上述模型中，β_0 为截距项，β_i 为各变量系数，i 为企业个体，t 为时间，ε 为随机扰动项，企业创新投入（$RD_{i,t}$）为被解释变量，产品市场竞争（$Com_{i,t-1}$）为解释变量。模型（5.1）中企业产权性质（$State_{i,t-1}$）为调节变量，模型（5.2）中股权激励（$HGhold_{i,t-1}$）为调节变量，模型（5.3）中货币薪酬激励（$SumSalary_{i,t-1}$）为调节变量，模型（5.4）中技术专家型董事占比（$TEDR_{i,t-1}$）为调节变量。主要变量定义见表 5.1。

表 5.1　主要变量定义

变量类型	变量名称	变量符号	变量定义
被解释变量	企业创新投入强度	RDta	研发投入/期末总资产
解释变量	产品市场竞争	Com	折旧及息税前利润/销售额
调节变量	产权性质	State	最终控制人为国有主体，则 State=1，否则 State=0
	股权激励	HGhold	实施股权激励计划，则 HGhold=1，否则 HGhold=0
	货币薪酬激励	SumSalary	前三名高管货币薪酬总额取对数
	技术专家型董事占比	TEDR	技术专家型董事人数/董事会总人数

表5.1(续)

变量类型	变量名称	变量符号	变量定义
控制变量	企业规模	Size	期末总资产的自然对数
	企业年龄	Age	样本年份减去注册年份后，加1取对数
	企业盈利能力	ROA	总资产报酬率
	企业资本结构	Lev	总负债/总资产
	政府补贴强度	Sub	政府补贴收入/主营业务收入
	无形资产比重	Intangible	无形资产净额/总资产
	托宾 Q 值	Tobin Q	企业市场价值/总资产
	股权制衡	GQZH	公司第2股东至第5股东的持股比例和/第1大股东的持股比例
	机构投资者持股比例	Institution	机构投资者持股比例，如果没有持股则取值0
	经济政策不确定性	Epu	经济政策不确定指数，按年对月度数据取算数平均数
	年度	Year	年度虚拟变量
	行业	Ind	行业虚拟变量

5.2.3　变量定义

5.2.3.1　*产品市场竞争*

现有文献关于产品市场竞争程度主要有两种类型的衡量指标：第一种类型是从行业集中度的角度衡量企业所在行业的聚散程度，如赫芬达指数（HHI）（黄继承 等，2015；徐虹 等，2015；解维敏 等，2016）；第二种类型从公司层面出发测度企业市场势力的价格—成本边际，如勒纳指数（PCM）（吴昊旻 等，2012；张杰 等，2014），以此来体现企业所在行业内的竞争情况。由于本书研究的是制造业这一特定行业，如果用传统的 HHI 来衡量，则行业中每一个企业都被认为具有同样的竞争水平，不能体现每个企业的个体特征及面临的产品市场竞争程度。本书借鉴张杰等（2014）的做法，采用勒纳指数（PCM）来衡量产品市场竞争强度，PCM 等于折旧及息税前利润除以销售额，PCM 越大，竞争强度越弱（Peress，2010）。为了控制制造行业中其他无关因素的影响，本章借鉴何玉润等（2015）、吴昊旻等（2012）的做法，用企业自身的 PCM 减去所处行业价值等权的 PCM 均值所得到的超额价格成本边际（EPCM）来衡量产品市场竞争的强度，用于检验结果的稳健性。为方便分析，在处理数据时，本章将产品市场竞争的衡量指标 PCM、EPCM 都取相反数，则检验结果中的 PCM、EPCM 越大，表示企业面临的竞争强度越强。

5.2.3.2 企业创新投入

企业创新投入表现为研发投入，衡量指标主要有两种：一种是用研发投入除以总资产（周铭山 等，2017；杨道广 等，2017；王红建 等，2016；钟凯等，2017；田轩 等，2018；赵子夜 等，2018）；另一种是用研发投入除以营业收入（顾夏铭 等，2018；刘振 等，2018；杨林 等，2018；张璇 等，2017）。考虑到相对于总资产来说，营业收入更容易受到操纵，本章借鉴田轩 等（2018）的做法，采用研发投入除以总资产来衡量企业创新投入。

5.2.3.3 公司治理特征变量

对于企业产权性质和高管激励的衡量，本章借鉴现有文献（孔东民 等，2013；唐跃军 等，2014；何玉润 等，2015；张传财，2017；罗进辉 等，2018）的做法，对于产权性质（State）来说，如果最终控制人为国有主体，则为国有企业，其他为非国有企业；对于股权激励来说，如果企业实施股权激励则取值为 1，否则为 0；对于货币薪酬激励来说，以前三名高管货币薪酬总额取对数来衡量，并且用前三名高管货币薪酬平均数取对数来检验结果的稳健性。

本章还借鉴胡元木等（2017）、张斌等（2014）、韩忠雪等（2014）、朱焱等（2017）的做法，对于技术专家型董事、董事长或 CEO 有技术专长有如下标准：①在专业背景方面，需毕业于制药、工程等有很强技术性的专业；②在工作背景方面，应有研究开发或技术岗位工作的经历，或者是在专业技术行业协会担任相关工作的负责人员；③在职称方面，应具有技术类职称，如研究员、工程师等；④在奖励/专利方面，要有省级以上发明奖励或专利。以上四个方面满足任何一个，即认为其具有技术专长。技术专家型董事占比指的是技术专家型董事人数除以董事会总人数；董事长或 CEO 有技术专长连续变量是用董事长或 CEO 有技术专长的人数除以高管总人数；虚拟变量是董事长或 CEO 有技术专长则为 1，否则为 0。

5.2.3.4 其他变量

在控制变量方面，本章借鉴现有文献（袁建国 等，2015；张劲帆 等，2017；徐晓萍 等，2017；任海云 等，2018；林慧婷 等，2018；顾夏铭 等，2018）的做法，在实证模型中控制了企业规模（Size）、企业年龄（Age）、资产负债率（Lev）、政府补贴（Sub）、经济政策不确定性（Epu）等变量。此外，本章还考虑了行业和年度的影响。

经济政策不确定对企业的创新活动及投资活动有很大的影响（Bhattacharya et al.，2014；饶品贵 等，2017；孟庆斌 等，2017；顾夏铭 等，2018）。本章借鉴饶品贵等（2017）、陈胜蓝等（2017）、顾夏铭等（2018）、彭俞超等（2018）的做法，采用由斯坦福大学、芝加哥大学等合作开发的关于中国经济政策下的"不确定指数"作为经济政策不确定性变量，在模型中予以控制。

5.2.4 描述性统计

表5.2为主要变量的描述性统计结果。从表5.2可以看出，在样本期间，制造业企业创新投入（RDta）的平均值为0.021，说明研发投入占总资产的平均比例为2.1%，中位数为0.019，最大值为0.082，标准差为0.015。在样本期间，制造业产品市场竞争的程度平均值为0.148，说明折旧及息税前利润占收入的平均比例为14.8%，最小值为−50.3%，最大值为66.8%，标准差为0.125，可见制造业各企业面临的产品市场竞争差异较大。从产权性质区分，非国有企业披露研发信息的样本量比国有企业的多。样本公司中前三名高管薪酬总额对数（SumSalary）的平均值（中位数）为14.12万元（14.13万元），最大值为17.35万元；高管实施股权激励（$HGhold$）的平均数为0.094，标准差为0.292，说明制造业企业高管薪酬中货币薪酬占主要部分，股权激励水平相对较低，且差异较大。董事会中技术型董事占比（TEDR）平均数为0.300，标准差为0.161，最小值为0，最大值为0.500，说明样本公司董事会中技术型董事占比一般未超过50%。

表5.2 主要变量的描述性统计结果

变量	N	mean	sd	min	p25	p50	p75	max
RDta	7 663	0.021	0.015	0.000	0.011	0.019	0.029	0.082
PCM	7 663	−0.148	0.125	−0.668	−0.202	−0.135	−0.083	0.503
State	7 663	0.122	0.328	0	0	0	0	1
$HGhold$	7 663	0.094	0.292	0	0	0	0	1
SumSalary	7 663	14.120	0.991	0.000	13.720	14.130	14.560	17.350
TEDR	7 663	0.300	0.161	0.000	0.176	0.308	0.455	0.500
Size	7 663	21.910	1.124	19.180	21.100	21.750	22.540	25.210
Age	7 663	2.642	0.402	0.693	2.398	2.708	2.944	3.611
ROA	7 663	0.049	0.037	−0.001	0.016	0.043	0.077	0.114
Lev	7 663	0.395	0.180	0.136	0.237	0.387	0.545	0.691
Sub	7 663	0.013	0.018	0.000	0.003	0.007	0.015	0.116

表5.2(续)

变量	N	mean	sd	min	$p25$	$p50$	$p75$	max
Intangible	7 663	0.047	0.037	0.000	0.023	0.039	0.059	0.231
Tobin Q	7 663	2.444	1.966	0.267	1.132	1.887	3.149	12.390
GQZH	7 663	0.676	0.565	0.024	0.236	0.526	0.956	2.746
Institution	7 663	0.052	0.045	0.001	0.016	0.040	0.075	0.214
Epu	7 663	199.100	90.070	82.250	123.600	179.000	244.400	364.800

5.3 实证结果和分析

5.3.1 不同产权性质下产品市场竞争对企业创新投入的影响

为考察在不同产权性质下产品市场竞争对企业创新投入的影响，本章对模型（5.1）进行了回归，回归结果如表5.3所示。在回归（1）和回归（2）中，被解释变量均为下一期的企业创新投入（RDta），解释变量均为当期的产品市场竞争（PCM），其中回归（1）为在企业产权性质下，产品市场竞争对企业创新投入的基准回归，未控制除行业和年度外的其他特征变量，回归（2）进一步控制了企业规模、企业年龄、财务杠杆、股权制衡、经济政策不确定性等控制变量。从回归（1）的结果可以看出，产品市场竞争和企业产权性质交乘项（PCM×State）的系数为-0.021，且在1%的水平下显著。从回归（2）的结果可见，产品市场竞争和企业产权性质的交乘项对创新投入的影响有所提高，且在1%的水平下显著。上述回归结果表明，国有产权削弱了产品市场竞争对企业创新投入的正向作用，即非国有企业中产品市场竞争对企业创新投入的正向作用显著高于国有企业，并且这种影响并非因为企业规模、企业年龄、财务杠杆等公司其他特征的不同造成的，而是因为企业产权性质这一特定因素导致的。由此可知，本章假设H1得到验证。

表5.3 产品市场竞争、产权性质与企业创新投入

变量	（1） fRDta	（2） fRDta
PCM	0.003	0.035***
	（1.09）	（10.74）

表5.3(续)

变量	（1） fRDta	（2） fRDta
PCM×State	−0. 021 *** (−3. 57)	−0. 026 *** (−4. 57)
State	−0. 003 ** (−2. 57)	−0. 002 * (−1. 66)
Size	—	−0. 001 ** (−2. 07)
Age	—	−0. 002 ** (−2. 48)
ROA	—	0. 139 *** (13. 03)
Lev	—	−0. 001 (−0. 63)
Sub	—	0. 110 *** (5. 36)
Intangible	—	−0. 031 *** (−3. 57)
Tobin Q	—	0. 001 *** (2. 92)
GQZH	—	0. 000 (0. 50)
Institution	—	0. 012 ** (2. 44)
Epu	—	0. 000 (1. 59)
Constant	0. 014 *** (7. 35)	0. 029 *** (3. 40)
年度效应	控制	控制
行业效应	控制	控制
N	7 663	7 663
Adj. R^2	0. 070	0. 202

注: *** 、 ** 、 * 分别表示在1%、5%和10%的显著性水平下显著；括号内的数值为 t 值。

5.3.2　不同高管激励水平下产品市场竞争对企业创新投入的影响

为考察产品市场竞争对企业创新投入在不同高管激励水平下是否存在差异，本章按照假设 H2.1 和假设 H2.2 进行了回归，具体结果如表 5.4 所示。两个回归中被解释变量均为下一期的企业创新投入（RDta），解释变量均为当期的产品市场竞争（PCM），其中回归（1）中引入高管股权激励作为调节变量，回归（2）中引入高管货币薪酬激励虚拟变量作为调节变量。整体来看，两个回归中，竞争与高管激励的交乘项系数均为正数且显著，说明高管激励显著促进了产品市场竞争对企业创新投入的正向作用。具体而言，回归（1）中，竞争与股权激励的交乘项（PCM×HGhold）系数为 0.014，在 5% 的水平上显著，说明高管有股权激励，产品市场竞争对企业创新的促进作用更强。这是因为，实施股权激励使得高管与股东在长期利益上趋于一致，这在一定程度上缓解了代理问题，增强了高管创新的意愿。回归（2）中，产品市场竞争与高管货币薪酬激励的交乘项（PCM×SumSalary）系数为 0.011，且在 5% 的水平上显著，说明提高高管的货币薪酬激励，产品市场竞争的加剧会使企业愿意投入更多的资金在研发上。这是因为，该激励使得高管的收入水平得到提高，这在一定程度上缓解了高管对于创新的风险厌恶，使得其在面临外部竞争时更愿意提高创新投入。由此可见，本章假设 H2.1、假设 H2.2 得到验证。

表 5.4　产品市场竞争、高管激励与企业创新投入

变量	（1） fRDta	（2） fRDta
PCM	0.033 ***	0.025 ***
	(9.74)	(6.60)
PCM×HGhold	0.014 **	—
	(2.20)	
HGhold	0.005 ***	—
	(3.46)	
PCM×SumSalary	—	0.011 **
		(2.41)
SumSalary	—	0.006 ***
		(6.47)

表5.4(续)

变量	（1） fRDta	（2） fRDta
Size	−0.000	−0.001***
	(−1.05)	(−3.56)
Age	−0.002***	−0.002**
	(−2.70)	(−2.51)
ROA	0.129***	0.120***
	(11.71)	(11.31)
Lev	−0.000	−0.001
	(−0.16)	(−0.43)
Sub	0.108***	0.106***
	(5.29)	(5.35)
Intangible	−0.032***	−0.029***
	(−3.70)	(−3.40)
Tobin Q	0.001**	0.001***
	(2.57)	(2.73)
GQZH	0.000	−0.000
	(0.27)	(−0.04)
Institution	0.008*	0.013**
	(1.67)	(2.52)
Epu	0.000	0.000
	(1.52)	(0.84)
Constant	0.033***	0.043***
	(3.92)	(4.68)
年度效应	控制	控制
行业效应	控制	控制
N	7 663	7 663
Adj. R^2	0.191	0.216

注：***、**、*分别表示在1%、5%和10%的显著性水平下显著；括号内的数值为t值。

5.3.3　不同技术专家型董事占比下产品市场竞争对企业创新投入的影响

为考察不同技术专家型董事在董事会中占比的情况下，产品市场竞争对企业创新投入的影响，本章按照假设 H3 进行回归，回归结果见表5.5。如表5.5所示，回归（1）至回归（4）中被解释变量均为下一期的企业创新投入（RDta），解释变量均为当期的产品市场竞争。其中，回归（1）引入技术专家型董事占比连续变量作为调节变量的基准回归，未控制除行业和年度外的其他特征变量；回归（2）进一步控制了企业规模、企业年龄、资产收益率、财务杠杆等控制变量；回归（3）未引入技术专家型董事占比虚拟变量；回归（4）借鉴饶品贵和徐子慧（2017）的做法，将技术专家型董事占比连续变量（TERD）从低到高进行排序后按照五分位分为五组，然后标准化为 0 和 1 之间的变量（NNTERD），由于该变量（NNTERD）设定介于连续变量和虚拟变量之间，兼具两者的优点。整体来看，从回归（1）到回归（4），产品市场竞争与技术专家型董事占比的交乘项系数都为正数且显著，说明技术专家型董事占比越高，越能加强竞争对企业创新投入的促进作用。具体来看，从回归（1）可见，产品市场竞争与技术专家型董事占比交乘项（PCM×TEDR）为 0.019，在 5% 的水平上显著；从回归（2）可见，竞争与技术专家型董事占比交乘项在 5% 的水平上显著为正。该结果表明，技术专家型董事在董事会中占比能够显著增强竞争对企业 R&D 投入的正向作用，且这种正相关关系并非是因为企业规模、资产收益率、财务杠杆等公司其他特征的不同造成的，而是因为技术专家型董事占比这一特定因素造成的。从回归（3）可见，产品市场竞争和技术专家型董事占比虚拟变量交乘项的系数有所下降，但仍保持在 10% 的水平上显著；从回归（4）可见，竞争和按照五分位分组又标准化为 0 到 1 之前的技术专家型董事占董事会比例交乘项系数为 0.015，且在 10% 的水平上显著。从以上回归结果均可以得出，提高技术专家型董事占比能够加强产品市场竞争对企业创新投入的正向作用，推动企业核心研发。这是因为，技术专家型董事在董事会中有建议功能（胡元木 等，2017）。从技术顾问的角度来看，技术专家型董事可以从企业外部获得更多的专业资源，提供技术方面的建议和意见；从社会关系网络的角度来看，技术专家型董事可以凭借其技术优势通过与外部技术专家和企业建立创新合作，获得更多的信息并抢占创新优势。由此可见，本章假设 H3 得到验证。

表 5.5　产品市场竞争、技术专家型董事占比与企业创新投入

变量	（1） fRDta	（2） fRDta	（3） fRDta	（4） fRDta
PCM	0.000 (0.09)	0.026*** (5.25)	0.031*** (8.23)	0.024*** (4.37)
PCM×TEDR	0.019** (2.33)	0.029** (2.11)	—	—
TEDR	0.013*** (7.80)	0.012*** (4.22)	—	—
PCM×NTEDR	—	—	0.007* (1.66)	—
NTEDR	—	—	0.003*** (3.22)	—
PCM×NNTEDR	—	—	—	0.015* (1.68)
NNTEDR	—	—	—	0.007*** (3.56)
Size	—	−0.000 (−1.09)	−0.000 (−1.07)	−0.001* (−1.95)
Age	—	−0.002** (−2.43)	−0.002*** (−2.64)	−0.002** (−2.05)
ROA	—	0.133*** (12.20)	0.132*** (12.05)	0.139*** (12.98)
Lev	—	0.000 (0.06)	−0.000 (−0.04)	−0.001 (−0.35)
Sub	—	0.104*** (5.18)	0.106*** (5.23)	0.106*** (5.21)
Intangible	—	−0.032*** (−3.75)	−0.032*** (−3.69)	−0.031*** (−3.58)

表5.5(续)

变量	（1） fRDta	（2） fRDta	（3） fRDta	（4） fRDta
Tobin Q	—	0.001 ***	0.001 ***	0.001 ***
		(2.62)	(2.60)	(2.93)
GQZH	—	0.000	0.000	0.000
		(0.25)	(0.32)	(0.35)
Institution	—	0.009 *	0.009 *	0.013 **
		(1.82)	(1.84)	(2.51)
Epu	—	0.000	0.000	0.000
		(0.21)	(1.08)	(0.63)
Constant	0.026 ***	0.032 ***	0.033 ***	0.026 ***
	(17.02)	(3.75)	(3.85)	(2.96)
年度效应	控制	控制	控制	控制
行业效应	控制	控制	控制	控制
N	7 663	7 663	7 663	7 663
Adj. R^2	0.093	0.197	0.193	0.202

注：***、**、* 分别表示在1%、5%和10%的显著性水平下显著；括号内的数值为 t 值。

5.3.4　进一步分析

5.3.4.1　产品市场竞争、董事长或 CEO 技术专长、企业创新投入

由于两职分离的存在，在我国企业的高管团队中，董事长和总经理是核心的领导者（潘镇 等，2017），虽然他们行使的是不同职能，但都对高管团队的运作和组织表现有重大影响（张建君 等，2016），对企业的发展有重大作用。基于此，本章将进一步分析董事长或 CEO 技术专长是否能够促进产品市场竞争对企业创新投入的正向影响，回归结果如表5.6所示。在回归（1）中，本章引入董事长或 CEO 技术专长连续变量，即董事长和 CEO 中含有技术专长的人数占董事会和高管总人数的比例。从回归（1）中可以看出，竞争和董事长或 CEO 技术专长连续变量的交乘项为 0.081，在 5%的水平上显著。在回归（2）中，本章引入董事长或 CEO 技术专长虚拟变量，若样本企业中董事长或 CEO 有技术专长，则 NTEDRD 为 1；若样本企业中董事长或 CEO 无技术专长，

则 NTEDRD 为 0。从回归（2）中可以看出，竞争和董事长或 CEO 技术专长虚拟变量的交乘项为 0.011，且在 5% 的水平上显著。上述结果说明，董事长或 CEO 越具备技术专长，在外部市场竞争的环境下，企业创新投入越多。

表 5.6　产品市场竞争、董事长或 CEO 技术专长与企业创新投入

变量	(1) fRDta	(2) fRDta
PCM	0.028*** (7.60)	0.026*** (6.75)
PCM×TEDRD	0.081** (2.09)	—
TEDRD	0.020** (2.35)	—
PCM×NTEDRD	—	0.011** (2.49)
NTEDRD	—	0.003*** (2.99)
Size	−0.001* (−1.84)	−0.001* (−1.93)
Age	−0.002** (−2.27)	−0.002** (−2.29)
ROA	0.139*** (12.90)	0.139*** (12.96)
Lev	−0.001 (−0.55)	−0.001 (−0.52)
Sub	0.108*** (5.27)	0.107*** (5.25)
Intangible	−0.030*** (−3.56)	−0.030*** (−3.53)
Tobin Q	0.001*** (2.93)	0.001*** (2.93)
GQZH	0.000 (0.44)	0.000 (0.43)
Institution	0.012** (2.45)	0.012** (2.45)

表5.6(续)

变量	(1) fRDta	(2) fRDta
Epu	0.000	0.000
	(1.24)	(1.17)
Constant	0.026***	0.027***
	(3.03)	(3.10)
年度效应	控制	控制
行业效应	控制	控制
N	7 663	7 663
Adj. R^2	0.199	0.200

注: ***、**、* 分别表示在1%、5%和10%的显著性水平下显著;括号内的数值为 t 值。

5.3.4.2 产品市场竞争、股权集中度、企业创新投入

股权集中度能够体现大股东的权力及利益分配(刘振 等,2018),它对企业创新投入有重要的影响。根据代理理论,当股权相对分散时,小股东"搭便车"的现象普遍,由于信息不对称,股东对经理人的监督不足,使得经理人可能更多关注于自身利益的实现,而偏离了企业利益最大化的决定。创新投入的高风险,可能使得企业创新投入下降。股权集中度较高可以有效缓解这种信息不对称,在市场竞争加剧时促进企业创新投入(Félix et al.,2017;鲁桐等,2014;刘华芳 等,2014)。本章将进一步分析不同股权集中度的情况下,产品市场竞争对企业创新投入的影响。本章借鉴刘振等(2018)、张长征(2017)和贺炎林(2014)的做法,用第一大股东持股比例、前五大股东持股比例、前十大股东持股比例作为股权集中度的代理变量,分别与产品市场竞争变量做交乘,得到回归(1)、回归(2)、回归(3),回归结果如表5.7所示。

整体来看,产品市场竞争与股权集中度的交乘项均为正数且显著相关。具体来看,回归(1)中产品市场竞争与第一大股东持股比例的交乘项(PCM×Lash)系数为0.031,且在10%的水平上显著;回归(2)中产品市场竞争与前五大股东持股比例的交乘项(PCM×Shrhfd5)系数为0.047,且在10%的水平上显著;回归(3)中产品市场竞争与前十大股东持股比例的交乘项(PCM×Shrhfd10)在1%的水平上显著。上述结果说明,企业的股权越集中,产品市场竞争对企业创新投入的促进作用越强。

表 5.7 产品市场竞争、股权集中度与企业创新投入

变量	（1） fRDta 第一大股东 持股比例	（2） fRDta 前五大股东 持股比例	（3） fRDta 前十大股东 持股比例
PCM	0.022***	0.026***	0.008
	(3.53)	(5.50)	(1.06)
PCM×Lash	0.031*	—	—
	(1.79)		
Lash	−0.001	—	—
	(−0.26)		
PCM×Shrhfd5	—	0.047*	—
		(1.88)	
Shrhfd5	—	0.002	—
		(0.33)	
PCM×Shrhfd10	—	—	0.000***
			(3.27)
Shrhfd10	—	—	0.000
			(0.47)
Size	−0.001	−0.001	−0.001
	(−1.62)	(−1.62)	(−1.58)
Age	−0.002***	−0.002***	−0.003***
	(−2.75)	(−2.66)	(−2.84)
ROA	0.143***	0.142***	0.144***
	(13.02)	(12.99)	(13.09)
Lev	−0.001	−0.001	−0.002
	(−0.70)	(−0.69)	(−0.77)
Sub	0.109***	0.109***	0.109***
	(5.31)	(5.32)	(5.36)
Intangible	−0.030***	−0.030***	−0.030***
	(−3.47)	(−3.45)	(−3.48)
Tobin Q	0.001***	0.001***	0.001***
	(3.03)	(3.05)	(3.28)
GQZH	−0.001	−0.000	0.000
	(−1.13)	(−0.53)	(0.59)

表5.7(续)

变量	（1） fRDta 第一大股东 持股比例	（2） fRDta 前五大股东 持股比例	（3） fRDta 前十大股东 持股比例
Institution	0.010 **	0.010 **	0.010 **
	（2.03）	（1.96）	（2.05）
Epu	0.000	0.000	0.000
	（1.58）	（1.55）	（1.49）
Constant	0.028 ***	0.027 ***	0.026 ***
	（3.17）	（3.06）	（2.91）
年度效应	控制	控制	控制
行业效应	控制	控制	控制
N	7 663	7 663	7 663
Adj. R^2	0.199	0.199	0.201

注：*** 、** 、* 分别表示在1%、5%和10%的显著性水平下显著；括号内的数值为 t 值。

5.4 稳健性检验

为保证结论的可靠性，本章进行相应的稳健性检验。

5.4.1 更换变量的衡量方式

首先，更换产品市场竞争的衡量方式。为了控制制造行业中其他无关因素的影响，我们用企业自身的 PCM 减去所处行业价值等权的 PCM 均值所得到的超额价格成本边际（EPCM）来衡量产品市场竞争的强度，EPCM 越大，企业面临的竞争强度越弱。为方便分析，在处理数据时，我们将 EPCM 取相反数，则 EPCM 越大，表示企业面临的竞争强度越强，新的模型参数估计结果见表5.8。由表5.8可知，回归（1）和回归（2）的被解释变量均为下一期的企业创新投入，回归（1）的解释变量是超额价格成本边际（EPCM）的虚拟变量，它和产权性质的交乘项（EPCM×State）系数为 -0.003，且在 5%的水平上显著。为进一步验证结果的稳健性，回归（2）的解释变量为勒纳指数（PCM）的虚拟变量，可以看出，其与产权性质的交乘项系数为 -0.003，且在 10%的水平上显著。上述结果均说明，国有产权在一定程度上削弱了产品市场竞争对企业创新投入的正向作用，研究结论和前文保持一致。

表 5.8　产品市场竞争、产权性质与企业创新投入（更换变量衡量方式）

变量	（1） fRDta	（2） fRDta
EPCM	0.006 ***	—
	（11.54）	
EPCM×State	−0.003 **	—
	（−2.45）	
PCM	—	0.008 ***
		（11.98）
PCM×State	—	−0.003 *
		（−1.72）
State	0.003 **	0.003 **
	（2.46）	（2.00）
Size	−0.001 ***	−0.001 ***
	（−3.09）	（−2.99）
Age	−0.002 ***	−0.002 ***
	（−2.63）	（−2.73）
ROA	0.115 ***	0.129 ***
	（12.17）	（13.00）
Lev	0.000	−0.000
	（0.09）	（−0.17）
Sub	0.094 ***	0.108 ***
	（4.70）	（5.35）
Intangible	−0.027 ***	−0.027 ***
	（−3.15）	（−3.19）
Tobin Q	0.001 **	0.001 ***
	（2.46）	（2.69）
GQZH	0.000	0.000
	（0.34）	（0.45）
Institution	0.012 **	0.013 ***
	（2.43）	（2.60）
Epu	0.000 ***	0.000 **
	（2.84）	（2.08）

表5.8(续)

变量	(1) fRDta	(2) fRDta
Constant	0.029 *** (3.25)	0.028 *** (3.22)
年度效应	控制	控制
行业效应	控制	控制
N	7 663	7 663
Adj. R^2	0.185	0.196

注：***、**、*分别表示在1%、5%和10%的显著性水平下显著；括号内的数值为 t 值。

  其次，为检验高管薪酬调节作用的稳健性，我们更换了薪酬激励和产品市场竞争的衡量方式，回归结果见表5.9。回归（1）和回归（2）的被解释变量均为下一期的企业创新投入（RDta），其中回归（1）更换调节变量的衡量方式，调节变量用前三名高管货币薪酬平均数取对数的虚拟变量来衡量高管货币薪酬；回归（2）更换解释变量的衡量方式，解释变量产品市场竞争用超额价格成本边际虚拟变量（EPCM）来衡量。在回归（1）中，产品市场竞争与高管货币薪酬的交乘项（PCM×NSalary）在1%的水平上显著，系数为0.013；在回归（2）中，交乘项的系数（EPCM×SumSalary）虽有所下降，但仍在5%的水平上显著，支持先前的研究结论。

表 5.9　产品市场竞争、高管薪酬与企业创新投入（更换变量衡量方式）

变量	(1) fRDta	(2) fRDta
PCM	0.027 *** (7.10)	—
PCM×NSalary	0.013 *** (2.84)	—
NSalary	0.006 *** (6.50)	—
EPCM	—	0.006 *** (8.11)
EPCM×SumSalary	—	0.003 ** (2.56)

表5.9(续)

变量	(1) fRDta	(2) fRDta
SumSalary	—	0.002 ** (2.54)
Size	−0.001 *** (−2.66)	−0.001 *** (−7.19)
Age	−0.003 *** (−2.99)	−0.002 *** (−5.51)
ROA	0.115 *** (10.53)	0.065 *** (12.04)
Lev	−0.000 (−0.12)	0.002 (1.45)
Sub	0.106 *** (5.39)	0.083 *** (8.99)
Intangible	−0.030 *** (−3.52)	−0.028 *** (−6.38)
Tobin Q	0.001 ** (2.49)	0.001 *** (4.90)
GQZH	−0.000 (−0.02)	−0.000 (−0.66)
Institution	0.009 * (1.85)	0.009 ** (2.52)
Epu	0.000 (1.05)	0.000 (1.30)
Constant	0.047 *** (5.31)	0.047 *** (9.89)
年度效应	控制	控制
行业效应	控制	控制
N	7 663	7 663
Adj. R^2	0.207	0.181

注：***、**、*分别表示在1%、5%和10%的显著性水平下显著；括号内的数值为 t 值。

最后，为进一步检验技术专家型董事占比的调节作用的稳健性，我们在此将解释变量产品市场竞争更换为虚拟变量，对模型的参数进行了重新估计，如表5.10所示。在表5.10中，回归（1）引入竞争虚拟变量为调节变量的基准回归，回归（2）进一步控制了企业规模、盈利能力、财务杠杆等公司特征变量。从回归（1）和回归（2）的结果可以看出，产品市场竞争和技术专家型董事占比的交乘项分别在5%和1%的水平上显著为正，支持前面的研究结论。

表5.10　产品市场竞争、技术专家型董事占比与企业创新投入（更换竞争衡量方式）

变量	（1） fRDta	（2） fRDta
NPCM	0.001	0.007***
	(0.78)	(9.35)
NPCM×TEDR	0.005**	0.005***
	(2.26)	(2.67)
TEDR	0.008***	0.006***
	(5.28)	(4.45)
Size	—	−0.001***
		(−4.40)
Age	—	−0.002***
		(−5.60)
ROA	—	0.124***
		(21.58)
Lev	—	0.001
		(0.80)
Sub	—	0.104***
		(11.19)
Intangible	—	−0.028***
		(−6.50)
Tobin Q	—	0.000***
		(4.17)
GQZH	—	0.000
		(0.31)
Institution	—	0.011***
		(2.93)

表5. 10(续)

变量	(1) fRDta	(2) fRDta
Epu	—	0.000 (0.72)
Constant	0.025*** (17.15)	0.035*** (7.77)
年度效应	控制	控制
行业效应	控制	控制
N	7 663	7 663
Adj. R^2	0.094	0.196

注: ***、**、* 分别表示在1%、5%和10%的显著性水平下显著;括号内的数值为 t 值。

5.4.2 倾向得分匹配法(PSM)

首先,本章采取了 PSM 方法对产权性质调节作用的实证结果进行稳健性检验。制造业企业样本中非国有企业的样本多于国有企业的样本,同时为了避免由于企业的其他特征而不是产权性质对产品市场竞争影响企业创新投入的调节作用等问题,我们采用 PSM 方法,包含原回归模型中的所有控制变量,对样本进行匹配,见表5.11。由表5.11可见,经过 PSM 配对后,样本总量为1 550,产品市场竞争与产权性质的交乘项在1%的水平上显著为负。上述结果表明,国有企业会显著降低产品市场竞争对企业创新投入的促进作用,这与本章前述结论保持一致。

表5.11 产品市场竞争、产权性质与企业创新投入(基于倾向得分匹配法)

变量	(1) fRDta	(2) fRDta
PCM	0.016*** (3.42)	0.043*** (6.88)
PCM×State	−0.030*** (−4.22)	−0.029*** (−4.02)
State	−0.002 (−1.09)	−0.002 (−1.36)
Size	—	−0.001 (−0.91)

表5.11(续)

变量	(1) fRDta	(2) fRDta
Age	—	−0.008*** (−4.39)
ROA	—	0.163*** (6.56)
Lev	—	0.001 (0.36)
Sub	—	0.117*** (2.98)
Intangible	—	−0.047*** (−3.20)
Tobin Q	—	−0.000 (−0.44)
GQZH	—	0.001 (1.15)
Institution	—	0.004 (0.40)
Epu	—	0.000 (1.28)
Constant	0.027*** (4.37)	0.048*** (3.45)
年度效应	控制	控制
行业效应	控制	控制
N	1 550	1 550
Adj. R^2	0.116	0.239

注: *** 表示在1%的显著性水平下显著;括号内的数值为 t 值。

其次,本章采取配对的方法对不同高管激励下产品市场竞争对企业创新投入的促进作用实证结果进行稳健性检验。我们选用了公司规模、行业、年度进行1:1配对,得到配对样本之后再做回归检验,回归结果见表5.12。在表5.12中,回归(1)企业激励的配对结果,由于样本中实施高管股权激励的企业数远少于没有实施股权激励的企业数,配对后的样本容量为1 342,产品市场竞争与股权激励的交乘项系数为0.063,在5%的水平上显著为正。回归

（2）为高管薪酬激励的配对结果，配对后的样本容量为 6 600，产品市场竞争与高管薪酬激励的交乘项在 5%的水平上显著，系数为 0.010。上述结果说明，无论是实施股权激励还是货币薪酬激励的提高，都能够使企业在外部竞争的作用下促进创新投入，与前文的研究结论保持一致。

表 5.12　产品市场竞争、高管激励与企业创新投入（基于配对方法）

变量	(1) fRDta	(2) fRDta
PCM	0.040***	0.029***
	(6.49)	(7.53)
PCM×Ghold	0.063**	—
	(2.26)	
Ghold	0.013**	—
	(1.99)	
PCM×Nsalary	—	0.010**
		(2.29)
Nsalary	—	0.006***
		(5.95)
Size	0.001	−0.001*
	(1.52)	(−1.90)
Age	−0.003**	−0.002**
	(−2.21)	(−2.39)
ROA	0.150***	0.118***
	(9.06)	(10.57)
Lev	0.001	−0.000
	(0.33)	(−0.17)
Sub	0.116***	0.110***
	(3.43)	(5.40)
Intangible	−0.028**	−0.030***
	(−2.04)	(−3.39)
Tobin Q	0.002***	0.001***
	(4.47)	(2.83)
GQZH	0.000	0.000
	(0.17)	(0.09)

变量	(1) fRDta	(2) fRDta
Institution	−0.004 (−0.38)	0.010** (2.09)
Epu	−0.000 (−1.24)	0.000* (1.81)
Constant	0.033 (1.22)	0.038*** (3.78)
年度效应	控制	控制
行业效应	控制	控制
N	1 342	6 600
Adj. R^2	0.241	0.209

注：***、**、* 分别表示在 1%、5% 和 10% 的显著性水平下显著；括号内的数值为 t 值。

6 不同融资方式作用下，产品市场竞争与企业创新投入

上一章研究了企业在不同的公司治理机制下，产品市场竞争对企业创新投入的影响，研究发现，非国有企业、高管激励和技术专家型董事占比高都会正向影响产品市场竞争对企业创新投入的促进作用。但是，在激烈的市场竞争环境下，当企业有意愿去创新投入时，是否有足够的资金可以用于研发投入呢？本章研究企业通过何种融资方式来达到相应的研发创新的投资能力，并且在不同融资方式的作用下，产品市场竞争是如何影响企业创新投入的。

为此，本章基于 2008—2017 年中国沪深 A 股制造业企业的样本数据进行实证研究。本章主要讨论三个问题：①企业内源融资、外源融资是否能分别促进产品市场竞争对企业创新投入的正向影响；在同等条件下，内源融资和外源融资哪一种融资方式对产品市场竞争促进企业创新投入的调节作用更大。②在企业的外源融资中，股权融资、债权融资是否能分别促进产品市场竞争对企业创新投入的正向影响。③在不同的行业属性下和企业不同的财务杠杆水平下，内外源融资对产品市场竞争促进企业创新投入起到何种作用。

本章研究发现：①对于我国制造业企业来说，不管是企业内部资金还是外部资金，都能够显著促进产品市场竞争对企业创新投入的正向作用，且在同等条件下，内源融资促进作用更强；②将外源融资分为股权融资和债权融资后发现，股权融资对于产品市场竞争促进企业创新投入的正向作用是显著的，但是债权融资的调节作用不显著。为保证本章结论的稳健性，我们采用配对的方法进行检验，支持本章的研究结论。本章进一步考虑企业异质性的情况，先将制造业企业样本分为非高科技行业企业和高科技行业企业，研究结果发现，制造业中的非高科技企业内源融资越高，竞争的加剧会促使企业投入越多的资金到企业研发中，而高科技企业不仅依赖于内源融资，还会吸收外源融资来促进企

业创新投入；再将制造业企业样本按照财务杠杆水平进行分类，发现当企业资产负债率较低时主要依赖于外源融资来调节产品市场竞争对企业创新投入的促进作用，而当资产负债率较高时则主要依赖于内源资金来调节产品市场竞争对企业创新投入的促进作用。

6.1　理论分析与研究假设

6.1.1　内外源融资作用下产品市场竞争对企业创新投入的影响

随着产品市场竞争愈发激烈，企业需要不断地加强创新研究，创新活动需要大量稳定的资金支持（Brown et al.，2011）。创新资金从融资渠道来说，主要分为内源融资和外源融资。内部资金流是创新的主要来源（鞠晓生 等，2013），产品市场竞争越激烈，行业集中度越高，企业越需要持有更多的内部资金来预防由市场变化、业绩增长不稳定等方面带来的创新资金的不持续和不稳定。尤其对于可能面临外部融资约束的企业来说，内源融资可以在各种情况下为企业创新活动提供资金支持。

然而，内源融资并不能解决企业创新投入可能面临的所有资金问题，如对处于快速成长期的企业来说，仅依靠内源融资无法满足企业全部的创新投入需求；同时，如果受到经济周期波动等方面的影响，企业内部资金流不稳定，可能无法保证企业研发投入的连续性。因此，外源融资也是企业重要的融资方式。外源融资在产品市场竞争促进企业创新投入方面的影响主要体现在两个方面：一方面，金融市场通过为企业提供资金，优化资源配置，助力实体经济的发展。适宜的金融结构有利于不同产业和企业的融资需求得到满足，进而推动企业的技术进步（姚耀军 等，2013）。例如，股票市场的投资者可以分享企业创新投入后股价上涨的收益，也可以选择随时退出该投资机制。另一方面，发展良好的金融市场可以通过对经理人的监督来缓解企业的信息不对称，进而促进企业创新（Hall et al.，2010）。

无论是内源融资还是外源融资，都能够推动产品市场竞争对企业创新投入的正向影响，但是内源融资可能在以下四个方面比外源融资更具有优势：第一，企业创新投入的人力资本和技术以及形成的无形资产虽然能为企业带来效益，但是很难作为获得贷款的抵押物，使得企业的债务融资受到局限。第二，企业创新能力和创新信息是企业竞争力的重要组成部分，为防止竞争对手模仿或窃取创新成果，企业对于未获得专利的创新成果披露较少，严重的信息不对称使得外部投资者不能及时了解企业创新活动的进展。第三，企业在为创新项目进行融资时，为获得足够的资金有"报喜不报忧"的动机，即更愿意披露未来的收益而选择性规避存在的风险。而由于创新投入的异质性特征，外部资金提供方很难对创新项目进行有效的监督，使得代理冲突进一步加剧。第四，作为主要货币政策工具之一的信贷规模控制会使企业的融资环境发生变化，当采取紧缩的货币政策进行调控时，企业更难从银行获得贷款（姜付秀 等，2018），并且融资成本也更高。此时，即使企业在面临竞争时有强烈的意愿进行创新投入，也可能因为资金不足而导致创新活动受限。

企业创新活动的周期性较长，依赖于稳定且持续的资金供给，一旦用于创新投入的资金不足，研发项目可能难以为继。此时，如果企业自身经营性现金流充足，那么即使面临着较为严格的外部融资约束，在激烈的产品市场竞争情形下，也可以通过内源融资维持企业的创新。

基于以上分析，本章提出研究假设 H1.1、研究假设 H1.2 和研究假设 H1.3。

H1.1：内源融资对产品市场竞争促进企业创新投入有调节作用。

H1.2：外源融资对产品市场竞争促进企业创新投入有调节作用。

H1.3：在同等条件下，相比外源融资，内源融资对产品市场竞争促进企业创新投入的调节作用更大。

6.1.2 不同外源融资作用下产品市场竞争对企业创新投入的影响

产品市场竞争对企业创新投入的促进作用受到企业不同融资方式的影响，企业可能无法通过内源融资获得全部的创新投入资金，因此金融市场的发展对创新有重要的作用。企业外部融资方式主要包括股权融资和债权融资两种，其中股权融资是公司股东出让部分所有权而获得资金的融资方式，一般不需要企业提供抵押物。企业用于创新投入的债权融资渠道主要有三种：银行信贷、企业债券和商业信用，其中企业债券融资占企业总负债融资比重较小；商业信用是企业正常经营过程中由于预收账款或延期付款形成的，商业信用的债权人对债务人的有效约束较难，主要依靠交易对手的声誉和职业操守（肖海莲 等，2014）。当前及未来很长一段时间内，银行信贷融资仍然占据主导地位（王满

四 等，2018）。银行信贷和企业债券需要企业定期偿还本金和利息，银行信贷一般还需要抵押等担保措施。

两种不同的外源融资方式对于产品市场竞争对企业创新投入的影响不同。

对于股权融资方式来说，首先，产品市场竞争的加剧会影响企业的经营情况和盈利能力，进而影响企业的现金流。通过股权融资，企业不需要承担偿债义务，使得企业可以从事具有一定周期性的创新研发活动而不用担心在到期日还本付息的压力。其次，企业在股权融资时不需要提供抵押物等担保措施，不会增加企业可能面临的财务困境。再次，股权市场可以通过股票价格反映相关信息（Grossman，1976），缓解投资者和企业间的信息不对称。最后，股权融资的投资者可以通过获得股价上涨的收益，来分享企业创新投入的潜在高额回报，进而激励投资者通过持有公司股票来分担创新投入的风险。因此，在激烈的产品市场竞争中，相对于债权融资，股权融资是更适合企业创新投入的融资方式（钟腾 等，2017）。

在我国，债权融资也是企业重要的融资方式。虽然债权融资可以增加企业的资金量，但是在激烈的产品市场竞争下，企业并不一定会将资金用于增加企业的创新投入。首先，债权融资需要定期的还本付息，在竞争环境下，企业为了保证稳定且足额的现金流去偿还债务，可能导致用于创新投入的资金不足；其次，企业创新投入形成更多的是无形资产，而这些无形资产可能限制了偏好有形资产抵押的银行对贷款的提供，因此信贷融资可能不是支持企业创新投入的有效资金来源；最后，债权融资不存在价格反馈机制，提供资金的银行无法跟踪企业创新项目的进展，由于信息的不对称，银行资助的公司可能持续投资回报不理想，尤其是在产品市场竞争更加激烈的情况下，为了防止该现象的发生，银行提供资金会更加谨慎，即使获得债权融资，根据负债的相机治理理论，银行也可以通过资金监管等方式抑制高风险创新投入项目（肖海莲 等，2014）。

基于以上分析，本章提出研究假设 H2.1 和研究假设 H2.2。

H2.1：股权融资对产品市场竞争促进企业创新投入有调节作用。

H2.2：债权融资对产品市场竞争促进企业创新投入调节作用不显著。

6.2 研究设计

6.2.1 样本选取和数据来源

创新对经济增长起到驱动作用（Solow，1956），是经济发展的第一动力，我国实施创新驱动发展战略，坚定不移地走自主创新强国之路。制造业是国民经济的主体，是我国的立国之本，对经济发展影响重大。《中国制造 2025》为中国制造业发展和科技创新变革制订了详细的规划，制造业企业的创新能力的强弱直接影响到该规划能否实现。作为直接影响并决定企业自主创新水平的R&D 投资，已成为影响企业生存和发展的重要战略性投资行为。本章选择制造业企业为研究对象，研究分析内外源融资作用及不同外源融资作用下，产品市场竞争对企业创新投入的影响。

本章的研究对象为我国 2008—2017 年的 A 股制造业企业，数据样本中剔除了以下几类企业：金融保险类企业，ST、* ST、PT 类企业，变量存在缺失的企业，共得到 7 663 个有效企业样本。本章主要数据来源于 CSMAR 数据库，其中企业研发投入数据来源于 Wind 数据库和 CSMAR 数据库。为防止极端值导致的结果偏误，我们对主要连续变量极端值进行了缩尾处理。本章使用Stata 15对数据进行处理分析。

6.2.2 模型设计

为验证本章假设 H1.1、假设 H1.2，分析内源融资和外源融资分别作用下产品市场竞争对企业创新投入的影响，本章借鉴唐跃军等（2014）、卢馨等（2013）的做法，构建模型（6.1）、模型（6.2）；为验证本章假设 H1.3，在同等条件下，相比外源融资，内源融资对产品市场竞争促进企业创新投入的调节作用更大，本章构建模型（6.3）。

$$\text{RD}_{i,t} = \beta_0 + \beta_1 \text{Com}_{i,t-1} + \beta_2 \text{Com}_{i,t-1} \times \text{EndoFund}_{i,t-1} + \beta_3 \text{EndoFund}_{i,t-1} +$$
$$\sum \text{Control}_{i,t-1} + \sum \text{Industry} + \sum \text{Year} + \varepsilon \qquad (6.1)$$

$$\text{RD}_{i,t} = \beta_0 + \beta_1 \text{Com}_{i,t-1} + \beta_2 \text{Com}_{i,t-1} \times \text{ExogFund}_{i,t-1} + \beta_3 \text{ExogFund}_{i,t-1} +$$
$$\sum \text{Control}_{i,t-1} + \sum \text{Industry} + \sum \text{Year} + \varepsilon \qquad (6.2)$$

$$\text{RD}_{i,t} = \beta_0 + \beta_1 \text{Com}_{i,t-1} + \beta_2 \text{Com}_{i,t-1} \times \text{EndoFund}_{i,t-1} +$$
$$\beta_3 \text{Com}_{i,t-1} \times \text{ExogFund}_{i,t-1} + \beta_4 \text{EndoFund}_{i,t-1} + \beta_5 \text{ExogFund}_{i,t-1} +$$

$$\sum \text{Control}_{i,t-1} + \sum \text{Industry} + \sum \text{Year} + \varepsilon \qquad (6.3)$$

为验证本章假设 H2.1、假设 H2.2，分析不同外源融资方式即股权融资和债权融资分别作用下产品市场竞争对企业创新投入的影响，本章构建模型（6.4）、模型（6.5）、模型（6.6）。

$$\text{RD}_{i,t} = \beta_0 + \beta_1 \text{Com}_{i,t-1} + \beta_2 \text{Com}_{i,t-1} \times \text{Equity}_{i,t-1} + \beta_3 \text{Equity}_{i,t-1} +$$
$$\beta_4 \text{EndoFund}_{i,t-1} + \sum \text{Control}_{i,t-1} + \sum \text{Industry} + \sum \text{Year} + \varepsilon \qquad (6.4)$$

$$\text{RD}_{i,t} = \beta_0 + \beta_1 \text{Com}_{i,t-1} + \beta_2 \text{Com}_{i,t-1} \times \text{Debt}_{i,t-1} + \beta_3 \text{Debt}_{i,t-1} + \beta_4 \text{EndoFund}_{i,t-1} +$$
$$\sum \text{Control}_{i,t-1} + \sum \text{Industry} + \sum \text{Year} + \varepsilon \qquad (6.5)$$

$$\text{RD}_{i,t} = \beta_0 + \beta_1 \text{Com}_{i,t-1} + \beta_2 \text{Com}_{i,t-1} \times \text{Equity}_{i,t-1} + \beta_3 \text{Com}_{i,t-1} \times \text{Debt}_{i,t-1} +$$
$$\beta_4 \text{Equity}_{i,t-1} + \beta_5 \text{Debt}_{i,t-1} + \beta_6 \text{EndoFund}_{i,t-1+} \sum \text{Control}_{i,t-1} +$$
$$\sum \text{Industry} + \sum \text{Year} + \varepsilon \qquad (6.6)$$

在上述模型中，β_0 为截距项，β_i 为各变量系数，i 为企业个体，t 为时间，ε 为随机扰动项，企业创新投入（$\text{RD}_{i,t}$）为被解释变量，产品市场竞争（$\text{Com}_{i,t-1}$）为解释变量。模型（6.1）中的内源融资（$\text{EndoFund}_{i,t-1}$）为调节变量，模型（6.2）中的外源融资（$\text{ExogFund}_{i,t-1}$）为调节变量，模型（6.3）中的内源融资（$\text{EndoFund}_{i,t-1}$）和外源融资（$\text{ExogFund}_{i,t-1}$）都为调节变量，模型（6.4）中的股权（$\text{Equity}_{i,t-1}$）为调节变量，模型（6.5）中的债权（$\text{Debt}_{i,t-1}$）为调节变量，模型（6.6）中的股权（$\text{Equity}_{i,t-1}$）和债权（$\text{Debt}_{i,t-1}$）都为调节变量。主要变量定义详见表6.1。

表6.1 主要变量定义

变量类型	变量名称	变量符号	变量定义
被解释变量	企业创新投入强度	RDta	研发投入/期末总资产
解释变量	产品市场竞争	Com	折旧及息税前利润/销售额
调节变量	内源融资	EndoFund	经营活动现金流净额/总资产
	外源融资	ExogFund	筹资活动现金流流入额/总资产
	股权融资	Equity	（实收资本+资本公积）变化额/总资产
	债权融资	Debt	（应付债券+银行借款）变化额/总资产

表6.1(续)

变量类型	变量名称	变量符号	变量定义
控制变量	企业规模	Size	期末总资产的自然对数
	企业年龄	Age	样本年份减去注册年份后，加1取对数
	企业盈利能力	ROA	总资产报酬率
	企业资本结构	Lev	总负债/总资产
	政府补贴强度	Sub	政府补贴收入/主营业务收入
	无形资产比重	Intangible	无形资产净额/总资产
	托宾 Q 值	Tobin Q	企业市场价值/总资产
	股权制衡	GQZH	公司第2股东至第5股东的持股比例和/第1大股东的持股比例
	机构投资者持股比例	Institution	机构投资者持股比例，如果没有持股则取值0
	经济政策不确定性	Epu	经济政策不确定指数，按年对月度数据取算数平均数
	年度	Year	年度虚拟变量
	行业	Ind	行业虚拟变量

6.2.3 变量定义

6.2.3.1 产品市场竞争

现有文献关于产品市场竞争程度主要有两种类型的衡量指标：第一种类型是从行业集中度的角度衡量企业所在行业的聚散程度，如赫芬达指数（HHI）（黄继承 等，2015；徐虹 等，2015；解维敏 等，2016），第二种类型从公司层面出发测度企业市场势力的价格—成本边际，如勒纳指数（PCM）（吴昊旻 等，2012；张杰 等，2014），以此来体现企业所在行业内的竞争情况。由于本书研究的是制造业这一特定的行业，如果用传统的 HHI 来衡量，则行业中每一个企业都被认为具有同样的竞争水平，不能体现每个企业的个体特征及面临的产品市场竞争程度。本章借鉴张杰等（2014）的做法，采用 PCM 来衡量产品市场竞争强度，PCM 等于折旧及息税前利润除以销售额，PCM 越大，竞争强度越弱（Peress，2010）。为方便分析，在处理数据时，我们将产品市场竞争的衡量指标 PCM、EPCM 都取相反数，则检验结果中的 PCM、EPCM 越大，表示企业面临的竞争强度越强。

6.2.3.2　企业创新投入

企业创新投入表现为研发投入，衡量指标主要有两种：一种是用研发投入除以总资产（周铭山 等，2017；杨道广 等，2017；王红建 等，2016；钟凯 等，2017；田轩 等，2018；赵子夜 等，2018）；另一种是用研发投入除以营业收入（顾夏铭 等，2018；刘振 等，2018；杨林 等，2018；张璇 等，2017）。考虑到相对于总资产来说，营业收入更容易受到操纵，本章借鉴田轩等（2018）的做法，采用研发投入除以总资产来衡量企业创新投入。

6.2.3.3　不同融资方式

企业融资根据融资方式的不同分为内源融资和外源融资，外源融资分为债权融资和股权融资。本章借鉴李汇东等（2013）、卢馨等（2013）、毛新述等（2015）、黄宏斌等（2016）、朱波等（2018）对融资方式的衡量，内源融资用经营活动现金流净额除以总资产来衡量，外源融资用筹资活动现金流流入额除以总资产来衡量，股权融资用实收资本及资本公积的变化额除以总资产来衡量，债权融资用应付债券和银行借款的变化额除以总资产来衡量。

6.2.3.4　其他变量

在控制变量方面，借鉴现有文献（袁建国 等，2015；张劲帆 等，2017；徐晓萍 等，2017；任海云 等，2018；林慧婷 等，2018；顾夏铭 等，2018）的做法，本章在实证模型中控制了企业规模（Size）、企业年龄（Age）、资产负债率（Lev）、政府补贴（Sub）、经济政策不确定性（Epu）等变量。此外，本章还考虑了行业和年度的影响。

经济政策不确定对企业的创新活动及投资活动有很大的影响（Bhattacharya et al.，2014；饶品贵 等，2017；孟庆斌 等，2017；顾夏铭 等，2018）。本章借鉴饶品贵等（2017）、陈胜蓝等（2017）、顾夏铭等（2018）、彭俞超等（2018）的做法，采用由斯坦福大学、芝加哥大学等合作开发的关于中国经济政策下的"不确定指数"作为经济政策不确定性变量，在模型中予以控制。

6.2.4　描述性统计

表 6.2 为主要变量的描述性统计结果。从表 6.2 可以看出，在样本期间，制造业企业创新投入（RDta）的平均值为 0.021，说明研发投入占总资产的平均比例为 2.1%，中位数为 0.019，最大值为 0.082，标准差为 0.015。在样本期间，制造业产品市场竞争的程度平均值为 0.148，说明折旧及息税前利润占收入的平均比例为 14.8%，最小值为 −50.3%，最大值为 66.8%，标准差为

0.125，可见制造业各企业面临的产品市场竞争差异较大。内源融资
（EndoFund）的平均值为 0.046，标准差为 0.067，最小值为 -0.180，最大值为
0.249，变异系数为 1.46 倍，说明企业内源融资差异比较明显。外源融资
（ExogFund）的平均值为 0.249，标准差为 0.219，最小值为 0，最大值为
0.962，变异系数为 88%；债券融资的平均值为 0.160，标准差为 0.142，最大
值为 0.603；股权融资的平均值为 0.036，标准差为 0.079，最小值为 -0.008，
最大值为 0.280，变异系数为 2.19 倍。以上数据说明，企业股权融资差异比较
明显。

表 6.2　主要变量的描述性统计结果

变量	N	mean	sd	min	$p25$	$p50$	$p75$	max
RDta	7 663	0.021	0.015	0.000	0.011	0.019	0.029	0.082
PCM	7 663	-0.148	0.125	-0.668	-0.202	-0.135	-0.083	0.503
EndoFund	7 663	0.046	0.067	-0.180	0.008	0.043	0.085	0.249
ExogFund	7 663	0.249	0.219	0.000	0.054	0.210	0.386	0.962
Size	7 663	21.910	1.124	19.180	21.100	21.750	22.540	25.210
Age	7 663	2.642	0.402	0.693	2.398	2.708	2.944	3.611
ROA	7 663	0.049	0.058	-0.218	0.016	0.043	0.077	0.249
Lev	7 663	0.396	0.191	0.094	0.237	0.387	0.545	0.765
Sub	7 663	0.013	0.018	0.000	0.003	0.007	0.015	0.116
Intangible	7 663	0.047	0.037	0.000	0.023	0.039	0.059	0.231
Tobin Q	7 663	2.444	1.966	0.267	1.132	1.887	3.149	12.390
GQZH	7 663	0.676	0.565	0.024	0.236	0.526	0.956	2.746
Institution	7 663	0.052	0.045	0.001	0.016	0.040	0.075	0.214
Epu	7 663	199.100	90.070	82.250	123.600	179.000	244.400	364.800
Debt	6 323	0.160	0.142	0.000	0.026	0.135	0.261	0.603
Equity	6 323	0.036	0.079	-0.008	0.000	0.000	0.015	0.280

6.3　实证结果和分析

6.3.1　内外源融资作用下产品市场竞争对企业创新投入的影响

表 6.3 中报告了内外源融资方式的分别作用下产品市场竞争对企业创新投
入影响的多元回归分析结果，并在公司层面进行聚类处理。被解释变量均为下
一期的企业创新投入（RDta），解释变量是当期的产品市场竞争（PCM），控

制了企业规模、企业年龄、资产负债率等公司特征变量，控制了年度效应和行业效应。回归（1）引入内源融资作为调节变量，从回归（1）可以看出，内源融资与产品市场竞争的交乘项（PCM×EndoFund）的影响系数为0.049，且在1%的水平上显著，说明内源融资对产品市场竞争促进企业创新投入存在正向影响，内源融资越多，产品市场竞争越会促进企业投入更多的资源到科研创新中，本章假设H1.1得到验证。回归（2）引入外源融资作为调节变量，从回归（2）可以看出，外源融资与产品市场竞争的交乘项（PCM×ExogFund）的影响系数为0.019，且在1%的水平上显著，说明外源融资对产品市场竞争促进企业创新投入有调节作用，本章假设H1.2得到验证。

表6.3　内外源融资方式的分别作用下产品市场竞争对企业创新投入
影响的多元回归分析结果

变量	（1） fRDta	（2） fRDta
PCM	0.048*** (25.06)	0.045*** (20.10)
PCM×EndoFund	0.049*** (3.37)	—
EndoFund	0.023*** (6.86)	—
PCM×ExogFund	—	0.019*** (3.50)
ExogFund	—	0.000 (0.04)
Size	−0.001*** (−3.77)	−0.001*** (−4.25)
Age	−0.003*** (−5.85)	−0.002*** (−5.72)
ROA	0.109*** (23.85)	0.116*** (26.08)
Lev	−0.001 (−0.47)	0.001 (0.80)
Sub	0.129*** (13.95)	0.127*** (13.72)

表6.3(续)

变量	(1) fRDta	(2) fRDta
Intangible	-0.030^{***} (-6.95)	-0.029^{***} (-6.70)
Tobin Q	0.000^{***} (4.04)	0.000^{***} (3.04)
GQZH	0.000^{*} (1.72)	0.000 (1.49)
Institution	0.009^{**} (2.55)	0.011^{***} (3.00)
Epu	0.000^{**} (2.31)	0.000^{**} (2.39)
Constant	0.043^{***} (9.61)	0.045^{***} (10.07)
年度效应	控制	控制
行业效应	控制	控制
N	7 663	7 663
Adj. R^2	0.216	0.213

注：***、**、*分别表示在1%、5%和10%的显著性水平下显著；括号内的数值为 t 值。

表 6.4 中报告了将内外源融资方式同时放到一个模型中，对比内源融资和外源融资的作用下产品市场竞争对企业创新投入的影响，并在公司层面进行聚类处理。回归（1）引入内源融资和外源融资作为调节变量，从回归（1）可以看出，内源融资与产品市场竞争的交乘项（PCM×EndoFund）的影响系数为 0.067，且在 1% 的水平上显著；外源融资与产品市场竞争的交乘项（PCM×ExogFund）的影响系数为 0.023，在 5% 的水平上显著。内源融资的回归系数比外源融资的大，且促进作用更明显。为了进一步比较内源融资是否比外源融资对产品市场竞争促进企业创新投入的调节作用更大，我们对回归（1）的系数进行标准化处理，得到回归（2）。从回归（2）可以看出，内源融资与产品市场竞争交乘项的回归系数大于外源融资与产品市场竞争交乘项的回归系数，且都在 1% 的水平上显著，说明在同样的竞争环境下，相比外源融资，企业更倾向于使用内部资金来促进企业创新投入。由此可知，本章假设 H1.3 得到验证。

表 6.4　内源融资、外源融资作用下产品市场竞争对企业创新投入的影响

变量	(1) fRDta	(2) fRDta
PCM	0.042 ***	0.468 ***
	(9.56)	(25.02)
PCM×EndoFund	0.067 ***	0.058 ***
	(2.83)	(5.53)
PCM×ExogFund	0.023 **	0.054 ***
	(2.55)	(4.32)
EndoFund	0.024 ***	0.035 ***
	(4.60)	(2.72)
ExogFund	0.001	−0.068 ***
	(0.47)	(−5.04)
Size	−0.001 **	−0.058 ***
	(−2.11)	(−3.98)
Age	−0.003 ***	−0.077 ***
	(−3.08)	(−6.48)
ROA	0.109 ***	0.459 ***
	(12.61)	(23.01)
Lev	0.001	0.028 *
	(0.35)	(1.75)
Sub	0.131 ***	0.191 ***
	(6.61)	(16.33)
Intangible	−0.030 ***	−0.094 ***
	(−3.48)	(−8.11)
Tobin Q	0.000 **	0.096 ***
	(2.14)	(6.52)
GQZH	0.000	0.025 **
	(0.96)	(2.22)
Institution	0.011 **	0.035 ***
	(2.07)	(3.06)
Epu	0.000 *	0.039 ***
	(1.86)	(3.20)

变量	（1） fRDta	（2） fRDta
Constant	0.044*** （5.32）	—
年度效应	控制	控制
行业效应	控制	控制
N	7 663	7 663
Adj. R^2	0.218	0.159

注：***、**、* 分别表示在 1%、5% 和 10% 的显著性水平下显著；括号内的数值为 t 值。

6.3.2　不同外源融资作用下产品市场竞争对企业创新投入的影响

表 6.5 报告了不同外源融资方式作用下产品市场竞争对企业创新投入的影响，并在公司层面进行聚类处理。被解释变量均为下一期的企业创新投入（RDta），解释变量是当期的产品市场竞争（PCM），控制了企业规模、企业年龄、资产负债率等公司特征变量，控制了年度效应和行业效应。回归（1）引入股权融资作为调节变量，从回归（1）可以看出，股权融资与产品市场竞争的交乘项（PCM×Equity）的影响系数为 0.049，且在 1% 的水平上显著。回归（2）引入债权融资作为调节变量，从回归（2）可以看出，债权融资与产品市场竞争的交乘项（PCM×Debt）的影响系数为 0.002，但是不显著。为进一步验证不同外源融资方式下产品市场竞争对企业创新投入的影响，我们将股权融资与产品市场竞争的交乘项（PCM×Equity）和债权融资与产品市场竞争的交乘项（PCM×Debt）同时放入模型中，得到回归（3）。从回归（3）可以看出，股权融资与产品市场竞争的交乘项（PCM×Equity）的影响系数为 0.050，且在 1% 的水平上显著；债权融资与产品市场竞争的交乘项（PCM×Debt）的影响系数为 0.001，但是不显著。回归结果（1）、（2）、（3）均说明，股权融资对产品市场竞争促进企业创新投入存在正向影响，股权融资越多，产品市场竞争越会促进企业投入更多的资源到研发创新中；债权融资对产品市场竞争促进企业创新投入的调节作用不显著。由此可知，本章假设 H2.1、假设 H2.2 得到验证。

表 6.5 不同外源融资方式作用下产品市场竞争对企业创新投入的影响

变量	（1） fRDta	（2） fRDta	（3） fRDta
PCM	0.047***	0.046***	0.043***
	(11.51)	(8.63)	(8.96)
PCM×Equity	0.049***	—	0.050***
	(2.65)		(2.70)
Equity	0.002	—	0.002
	(0.48)		(0.54)
PCM×Debt	—	0.002	0.001
		(0.12)	(0.03)
Debt	—	−0.008	−0.010**
		(−1.58)	(−2.28)
EndoFund	0.016***	0.018***	0.015***
	(4.17)	(3.88)	(3.95)
Size	−0.001**	−0.001***	−0.001***
	(−2.57)	(−2.92)	(−2.67)
Age	−0.003***	−0.003***	−0.003***
	(−3.09)	(−3.06)	(−3.19)
ROA	0.101***	0.091***	0.094***
	(11.47)	(8.66)	(10.13)
Lev	−0.001	0.004	0.005*
	(−0.31)	(1.18)	(1.66)
Sub	0.122***	0.123***	0.121***
	(5.90)	(5.26)	(5.87)
Intangible	−0.033***	−0.034***	−0.032***
	(−3.82)	(−3.50)	(−3.77)
Tobin Q	0.000*	0.000	0.000*
	(1.96)	(1.25)	(1.86)
GQZH	0.000	0.000	0.001
	(0.97)	(0.74)	(0.99)
Institution	0.014***	0.013**	0.014***
	(2.62)	(2.02)	(2.62)

变量	（1） fRDta	（2） fRDta	（3） fRDta
Epu	0.000 ***	0.001	0.000 ***
	（3.24）	（1.16）	（3.09）
Constant	0.043 ***	−0.103	0.043 ***
	（5.68）	（−0.78）	（5.77）
年度效应	控制	控制	控制
行业效应	控制	控制	控制
N	6 323	6 323	6 323
Adj. R^2	0.216	0.214	0.220

注：***、**、*分别表示在1%、5%和10%的显著性水平下显著；括号内的数值为 t 值。

6.3.3 进一步分析

6.3.3.1 不同行业属性下，内外源融资对产品市场竞争促进企业创新投入的影响

由上文的实证结果可以得出，内外源融资都对产品市场竞争促进企业创新投入存在正向影响。此处我们考虑以企业样本的异质性来分析在企业不同的行业属性情况下，内外源融资对产品市场竞争与企业创新投入的影响。

借鉴龙小宁（2018）的做法，我们从行业属性的角度将样本企业分为高科技行业和非高科技行业。由于在高科技行业中，企业从事高新技术研发项目更加密集，可能存在更高的正外部性和风险；外部投资者由于专业所限，可能无法直接判断技术项目的优劣，同时管理层为了防止技术外泄，也无法透露更多技术方面的细节，有可能导致外部融资约束的加剧，进而导致研发投入的不足。为发展高新技术企业，国家出台多个高新认证文件和扶持政策，但这是否能缓解企业的融资约束，结论尚不统一。

根据2018年国家统计局印发的《高技术产业（制造业）分类（2017）》，借鉴顾夏铭（2018）的做法，我们将样本中的企业根据主营产品类型是否包括高技术产业分为高科技组和非高科技组。

表6.6报告了高科技行业和非高科技行业内源融资作用下产品市场竞争对企业创新投入的影响。被解释变量均为下一期的企业创新投入（RDta），解释变量均为当期的产品市场竞争（PCM），引入内源融资作为调节变量。第（1）列为非高科技行业企业的回归结果，可以看出，内源融资与产品市场竞争的交乘

项（PCM×EndoFund）的影响系数为 0.081，且在 1% 的水平上显著。第（2）列为高科技行业企业的回归结果，可以看出，内源融资与产品市场竞争的交乘项（PCM×EndoFund）的影响系数和显著水平都有所下降，估计系数为 0.051，在10% 的水平上显著。上述结果说明，无论是高科技行业还是非高科技行业，企业的内部资金都能够显著促进产品市场竞争对企业技术创新的正向影响，但是非高科技行业的促进作用更显著。

表6.6 不同行业内源融资作用下产品市场竞争对企业创新投入的影响

变量	（1） fRDta 非高科技行业	（2） fRDta 高科技行业
PCM	0.050 ***	0.047 ***
	(22.19)	(12.44)
PCM×EndoFund	0.081 ***	0.051 *
	(4.86)	(1.65)
EndoFund	0.017 ***	0.030 ***
	(4.91)	(3.33)
Size	−0.001 ***	−0.000
	(−6.17)	(−1.01)
Age	−0.002 ***	−0.006 ***
	(−3.80)	(−6.54)
ROA	0.119 ***	0.107 ***
	(23.77)	(10.52)
Lev	−0.000	0.009 ***
	(−0.28)	(3.58)
Sub	0.082 ***	0.226 ***
	(7.74)	(12.53)
Intangible	−0.027 ***	−0.040 ***
	(−5.77)	(−4.14)
Tobin Q	0.000	0.001 ***
	(0.23)	(3.62)
GQZH	0.001 *	0.001 *
	(1.80)	(1.75)
Institution	0.008 **	−0.004
	(2.08)	(−0.53)

表6.6(续)

变量	(1) fRDta 非高科技行业	(2) fRDta 高科技行业
Epu	0.000**	0.000*
	(2.28)	(1.75)
Constant	0.050***	0.041***
	(10.37)	(3.91)
年度效应	控制	控制
行业效应	控制	控制
N	5 485	2 178
Adj. R^2	0.163	0.167

注:***、**、* 分别表示在1%、5%和10%的显著性水平下显著；括号内的数值为 t 值。

表6.7报告了高科技行业和非高科技行业外源融资作用下产品市场竞争对企业创新投入的影响。被解释变量均为下一期的企业创新投入（RDta），解释变量均为当期的产品市场竞争（PCM），引入外源融资作为调节变量。第（1）列为非高科技行业企业的回归结果，可以看出，外源融资与产品市场竞争的交乘项（PCM×ExogFund）不显著。第（2）列为高科技行业企业的回归结果，可以看出，外源融资与产品市场竞争的交乘项（PCM×ExogFund）系数为0.035，且在1%的水平上显著。

表6.7　不同行业外源融资作用下产品市场竞争对企业创新投入的影响

变量	(1) fRDta 非高科技行业	(2) fRDta 高科技行业
PCM	0.050***	0.042***
	(18.09)	(9.89)
PCM×ExogFund	0.006	0.035***
	(0.98)	(3.16)
ExogFund	-0.002*	-0.000
	(-1.88)	(-0.02)
Size	-0.001***	-0.001
	(-6.89)	(-1.37)

变量	（1） fRDta 非高科技行业	（2） fRDta 高科技行业
Age	-0.002***	-0.006***
	(-3.88)	(-6.46)
ROA	0.119***	0.116***
	(24.31)	(11.93)
Lev	0.002	0.012***
	(1.26)	(4.25)
Sub	0.078***	0.232***
	(7.33)	(12.74)
Intangible	-0.027***	-0.038***
	(-5.82)	(-3.97)
Tobin Q	-0.000	0.001***
	(-0.83)	(2.95)
GQZH	0.001*	0.001
	(1.82)	(1.53)
Institution	0.010**	-0.002
	(2.56)	(-0.21)
Epu	0.000**	0.000*
	(2.25)	(1.81)
Constant	0.054***	0.045***
	(11.22)	(4.25)
年度效应	控制	控制
行业效应	控制	控制
N	5 485	2 178
Adj. R^2	0.160	0.169

注：***、**、*分别表示在1%、5%和10%的显著性水平下显著；括号内的数值为 t 值。

　　以上结果表明，制造业中的非高科技企业内源融资越高，竞争的加剧越会促使企业投入更多的资金到企业研发中，而高科技企业不仅依赖于内源融资，还会吸收外源融资来促进企业创新投入。对于高科技企业来说，由于研发投入会形成更多的无形资产或者人力资本，具有抵押属性有形资产的缺少会使得企业债务融资受限。为发展高新技术企业，国家先后出台多个高新认证政策文件加大对高科技企业的扶持力度，这种扶持政策能够使高新技术企业向市场传递企业高质量发展的信号，并缓解企业外部融资约束，增加企业外部融资（王刚刚 等，2017；李彰 等，2017）。

6.3.3.2 不同财务杠杆水平下，内外源融资对产品市场竞争促进企业创新投入的影响

企业由于有负债的存在，需要定期偿还本金和利息，这会对企业的现金流产生一定的约束作用。企业不同的财务杠杆水平，可能影响企业内源资金的使用和后续的外源融资情况。

表6.8报告了财务杠杆水平不同时，内源融资作用下产品市场竞争对企业创新投入的影响。我们将资产负债率按照分位数分成三组，分别为表6.8中的回归（1）、回归（2）、回归（3）。被解释变量均为下一期的企业创新投入（RDta），解释变量均为当期的产品市场竞争（PCM），引入内源融资作为调节变量。由回归（1）可以看出，在资产负债率低时，内源融资与产品市场竞争的交乘项（PCM×EndoFund）不显著。回归（2）和回归（3）分别为在资产负债率中等和较高时，内源融资与产品市场竞争的交乘项（PCM×EndoFund）系数为正且显著正相关。以上数据说明，制造业企业在资产负债率较高时需要依赖于内源融资来增强产品市场竞争对企业创新投入的促进作用。

表6.8 **财务杠杆水平不同时，内源融资作用下产品市场竞争对企业创新投入的影响**

变量	（1） fRDta 资产负债率低	（2） fRDta 资产负债率中	（3） fRDta 资产负债率高
PCM	0.040 ***	0.051 ***	0.054 ***
	(12.28)	(14.69)	(14.19)
PCM×EndoFund	0.011	0.120 ***	0.056 *
	(0.44)	(4.22)	(1.67)
EndoFund	−0.000	0.030 ***	0.019 ***
	(−0.04)	(4.71)	(3.51)
Size	−0.001 ***	−0.001 ***	−0.001 **
	(−2.62)	(−3.48)	(−2.21)
Age	−0.003 ***	−0.003 ***	−0.004 ***
	(−4.88)	(−3.42)	(−4.03)
ROA	0.098 ***	0.124 ***	0.123 ***
	(11.49)	(14.82)	(14.88)

表6.8(续)

变量	（1） fRDta 资产负债率低	（2） fRDta 资产负债率中	（3） fRDta 资产负债率高
Sub	0.178 *** （12.81）	0.190 *** （10.91）	0.062 *** （3.24）
Intangible	−0.018 ** （−2.28）	−0.056 *** （−7.28）	−0.028 *** （−3.72）
Tobin Q	0.001 *** （5.59）	−0.000 （−0.05）	0.001 ** （2.43）
GQZH	0.001 *** （3.08）	0.000 （0.17）	0.000 （0.07）
Institution	0.013 * （1.94）	0.008 （1.28）	0.007 （1.07）
Epu	0.000 ** （2.31）	0.000 （1.54）	0.000 （1.57）
Constant	0.043 *** （4.46）	0.055 *** （6.17）	0.042 *** （5.42）
年度效应	控制	控制	控制
行业效应	控制	控制	控制
N	2 558	2 554	2 551
Adj. R^2	0.168	0.170	0.133

注：***、**、*分别表示在1%、5%和10%的显著性水平下显著；括号内的数值为 t 值。

表6.9报告了财务杠杆水平不同时，外源融资作用下产品市场竞争对企业创新投入的影响。我们将资产负债率按照分位数分成三组，分别为表6.9中的回归（1）、回归（2）、回归（3）。被解释变量均为下一期的企业创新投入（RDta），解释变量均为当期的产品市场竞争（PCM），引入外源融资作为调节变量。从回归（1）可以看出，在资产负债率低时，外源融资与产品市场竞争的交乘项（PCM×ExogFund）系数为0.028，在5%的水平下显著。回归（2）和回归（3）分别为在资产负债率中等和资产负债率较高时，外源融资与产品市场竞争的交乘项（PCM×ExogFund）不显著。以上数据说明，制造业企业在资产负债率较低时主要依赖于外源融资来增强产品市场竞争对企业创新投入的促进作用。

以上结果表明，制造业企业在不同的财务杠杆水平下，不同的融资方式对于产品市场竞争促进企业创新投入的促进作用不同，资产负债率较低时主要依赖于外源融资来增强产品市场竞争对企业创新投入的促进作用，资产负债率较高时主要依赖于内源资金来增强产品市场竞争对企业创新投入的促进作用。

表 6.9 财务杠杆水平不同时，外源融资作用下产品市场
竞争对企业创新投入的影响

变量	（1） fRDta 资产负债率低	（2） fRDta 资产负债率中	（3） fRDta 资产负债率高
PCM	0.037 ***	0.051 ***	0.047 ***
	(0.000)	(0.000)	(0.000)
PCM×ExogFund	0.028 **	0.005	0.016
	(0.033)	(0.700)	(0.159)
ExogFund	−0.002	−0.003	−0.001
	(0.538)	(0.158)	(0.681)
Size	−0.001 ***	−0.001 ***	−0.001 **
	(0.008)	(0.000)	(0.015)
Age	−0.003 ***	−0.003 ***	−0.004 ***
	(0.000)	(0.001)	(0.000)
ROA	0.093 ***	0.125 ***	0.124 ***
	(0.000)	(0.000)	(0.000)
Sub	0.181 ***	0.182 ***	0.058 ***
	(0.000)	(0.000)	(0.002)
Intangible	−0.017 **	−0.057 ***	−0.028 ***
	(0.031)	(0.000)	(0.000)
Tobin Q	0.001 ***	−0.000	0.001 *
	(0.000)	(0.483)	(0.053)
GQZH	0.001 ***	0.000	−0.000
	(0.002)	(0.835)	(0.941)
Institution	0.018 ***	0.010 *	0.007
	(0.008)	(0.094)	(0.260)
Epu	0.000 *	0.000	0.000
	(0.055)	(0.168)	(0.139)
Constant	0.045 ***	0.059 ***	0.044 ***
	(0.000)	(0.000)	(0.000)

表6.9(续)

变量	(1) fRDta 资产负债率低	(2) fRDta 资产负债率中	(3) fRDta 资产负债率高
年度效应	控制	控制	控制
行业效应	控制	控制	控制
N	2 558	2 554	2 551
Adj. R^2	0.175	0.164	0.130

注：***、**、*分别表示在1%、5%和10%的显著性水平下显著；括号内的数值为 t 值。

6.4 稳健性检验

为了避免因样本企业的内在特征而不是内源融资和外源融资本身特征影响产品市场竞争对企业的创新投入，以及解决样本内生性等问题，本章采用配对的方法，控制公司规模、行业、年度对样本进行 1∶1 匹配，得到配对样本后再进行回归检验，经过配对后的结果如表 6.10 所示。表 6.10 的回归（1）显示，内源融资与产品市场竞争交乘项（PCM×EndoFund）的回归系数在 5% 的水平上显著正相关，系数为 0.049；回归（2）显示，外源融资与产品市场竞争交乘项（PCM×ExogFund）的回归系数在 10% 的水平上显著正相关，系数为 0.017。这与本章前述结论基本一致，本章的研究结果具有较强的稳健性。

表 6.10 内源融资、外源融资作用下产品市场竞争与企业创新投入的影响（配对）

变量	(1) fRDta	(2) fRDta
PCM	0.050 *** (13.19)	0.047 *** (10.13)
PCM×EndoFund	0.049 ** (1.97)	—
EndoFund	0.022 *** (3.86)	—
PCM×ExogFund	—	0.017 * (1.83)

变量	（1） fRDta	（2） fRDta
ExogFund	—	−0.001 （−0.23）
Size	−0.000 （−1.02）	−0.001* （−1.88）
Age	−0.002*** （−2.74）	−0.002** （−2.47）
ROA	0.112*** （12.49）	0.119*** （12.58）
Lev	−0.001 （−0.56）	0.001 （0.31）
Sub	0.133*** （6.41）	0.127*** （5.83）
Intangible	−0.028*** （−3.26）	−0.024*** （−2.75）
Tobin Q	0.001*** （2.78）	0.000* （1.76）
GQZH	0.000 （0.92）	0.000 （0.72）
Institution	0.010** （2.04）	0.012** （2.19）
Epu	0.000 （0.80）	0.000 （1.44）
Constant	0.036*** （3.91）	0.041*** （4.70）
年度效应	控制	控制
行业效应	控制	控制
N	6 792	5 984
Adj. R^2	0.218	0.221

注：***、**、* 分别表示在1%、5%和10%的显著性水平下显著；括号内的数值为 t 值。

　　为了避免因样本企业的内在特征而不是不同外源融资方式本身特征影响产品市场竞争对企业创新投入，以及解决样本内生性等问题，本章采用配对的方法，控制公司规模、行业、年度对样本进行 1∶1 匹配，经过配对后的结果如表 6.11 所示。表 6.11 的回归（1）显示，股权融资与产品市场竞争交乘项（PCM×Equity）的回归系数在 5%的水平上显著正相关，系数为 0.053；回归（2）显示，债权融资与产品市场竞争交乘项（PCM×Debt）的回归系数不显著。这与本章前述结论基本一致，本章的研究结果具有较强的稳健性。

表 6.11　股权融资、债权融资作用下产品市场竞争与企业创新投入的影响（配对）

变量	（1）fRDta	（2）fRDta
PCM	0.047***	0.047***
	(8.01)	(10.56)
PCM×Equity	0.053**	—
	(2.22)	
Equity	0.000	—
	(0.06)	
PCM×Debt	—	0.000
		(0.02)
Debt	—	−0.010**
		(−2.38)
EndoFund	0.006	0.015***
	(0.96)	(3.57)
Size	−0.001	−0.001**
	(−1.29)	(−2.10)
Age	−0.002	−0.003***
	(−1.47)	(−3.10)
ROA	0.106***	0.099***
	(8.67)	(10.14)
Lev	−0.002	0.006**
	(−0.75)	(2.15)
Sub	0.130***	0.123***
	(4.81)	(5.90)
Intangible	−0.028**	−0.026***
	(−2.41)	(−3.06)
Tobin Q	0.001**	0.001**
	(2.01)	(2.50)

表6.11(续)

变量	(1) fRDta	(2) fRDta
GQZH	0.000 (0.58)	0.000 (0.86)
Institution	0.008 (1.17)	0.013 ** (2.43)
Epu	0.000 (0.36)	0.000 (1.59)
Constant	0.042 *** (4.05)	0.041 *** (5.37)
年度效应	控制	控制
行业效应	控制	控制
N	2 286	5 494
Adj. R^2	0.212	0.226

注: *** 、 ** 分别表示在1%和5%的显著性水平下显著；括号内的数值为 t 值。

7 不同知识产权保护作用下，产品市场竞争与企业创新投入

　　前面两章分别从公司治理和融资方式两个角度，研究了企业在不同的公司治理和不同的融资方式作用下，产品市场竞争对企业创新投入的影响。研究发现，非国有企业产权、高管激励、技术专家型董事占比高都会促进两者之间的正向影响；不管是内源融资还是外源融资，都会促进两者的正向关系。但是，在激烈的市场竞争环境下，当企业的管理层从加快企业发展的角度有意愿去创新，并且企业也有足够的资金可以用于研发投入时，企业是否就会增加研发投入呢？这可能还要取决于企业所处地区的知识产权保护程度。创新具备外部性特征，创新外溢使得企业技术可能被模仿、专利成果可能被剽窃，以及可能面临很大损失。这种情况一方面是由于研发活动与生俱来的外部性，另一方面则是由于我国的知识产权保护力度还有待加大（周开国 等，2017）。若知识产权保护力度不大，创新能力较高的企业将更容易被同行企业模仿。本章主要研究在知识产权保护的作用下，产品市场竞争对企业创新投入的影响。

　　为此，本章基于 2008—2017 年中国沪深 A 股制造业企业的样本数据进行实证研究。本章主要讨论以下问题：①知识产权行政保护是否能正向影响产品市场竞争对企业创新的促进作用；②知识产权司法保护程度越高，加强产品市场竞争是否可以带来越高水平的企业创新投入；③进一步探讨在不同行业和不同地区，知识产权保护对于产品市场竞争促进企业创新投入的调节作用。

　　本章还基于我国现行的知识产权执法体系，手工收集整理知识产权行政保护和知识产权司法保护等相关数据，分析各省份企业在不同的知识产权保护下，面对激烈的产品市场竞争，是否会增加创新投入。

　　本章实证研究发现：①在我国上市的制造业企业中，一个省份的知识产权保护执法力度越高，在产品市场竞争的作用下，总部位于该省份的企业创新投入越高。②知识产权行政保护和司法保护都能正向影响产品市场竞争对企业创新的促进作用。③相较于传统行业，高科技行业对于知识产权保护调节作用更

敏感；相较于其他地区，知识产权保护调节作用对东部地区影响更大。为保证研究结论的稳健性，本章采用不同的计量方式，其结果均支持本章的研究结论。通过进一步分析，本章发现，产品市场竞争对企业创新产出也有促进作用，知识产权保护对这种效应的增强存在时滞性，并且行政保护比司法保护的时滞性更长。

本章所研究的内容能够为地方政府以及企业制定创新政策和战略提供决策参考。首先，我国政府应加快知识产权保护法律体系的完善，加大对知识产权保护的宣传力度，加大相关部门的执法力度，为企业营造良好的法制环境，保障创新者权益，为创新行为提供制度保障。其次，加强各地区知识产权保护有助于我国打造具有竞争力的制造业，推动传统行业的转型升级，扶持高科技行业的高质量发展，实现以创新驱动供给侧结构性改革，以创新促进区域经济协调及快速发展。

7.1 理论分析与研究假设

7.1.1 知识产权保护作用下产品市场竞争对企业创新投入的影响

在激烈的产品市场竞争环境下，研发新产品或现有产品升级改造是企业应对竞争的重要方式，但是企业通过创新投入带来的新产品被模仿或被替代的风险很大，被剽窃或仿制的情况较多。在这种情况下，知识产权保护对企业在市场竞争环境中的创新行为有重要影响。知识产权保护政策可以为企业的创新活动提供制度保障，积极促进企业在创新方面的投入，让企业在市场竞争中敢于创新，进而占据优势地位。

首先，企业从事的创新活动有很强的外部性（吴超鹏 等，2016），竞争企业可以支付专利使用费，也可能通过模仿、假冒甚至窃取的方式使用研究成果。研发投入的高风险及长周期使得创新企业当期可能是无利可图甚至亏损的，其他企业有通过非正当方式获取创新成果的企图。若知识产权保护力度不大，侵权企业凭借零研发成本获取创新成果的优势，低价与创新企业竞争，创新企业可能由于投入大量研发成本而处于竞争的劣势地位，导致决策者更为短视而不愿进行创新投入（潘越 等，2016）。加强知识产权保护有两方面作用：一方面，加大知识产权保护宣传力度，提高侵权成本，迫使企业通过付费使用其他企业研发成果或自主研发；另一方面，知识产权保护赋予了专利技术企业一定的技术垄断权，使创新企业可以获得创新成果的全部收益或专利授权费用，提高创新企业的预期，激励企业创新投入。

其次，由于创新活动的信息不对称，外部投资者在不完全了解技术的情况下，对创新活动预期带来的经济效益存疑（吴超鹏 等，2016），竞争越激烈，可能越不愿意冒风险进行创新投入；但当投资者全面了解该技术时，剽窃技术可能更具有吸引力（Ueda，2004）。这种情况下，加强对侵权行为的制裁，会给其他企业和投资者明确的信号，即创新投入是获得创新优势的唯一方式，剽窃会受到严厉的惩罚。因此，在竞争的市场环境下，创新企业敢于把技术和信息披露给投资者，投资者预期创新成果可以得到有效保护而愿意投入资金让企业进行研发创新。

因此，在产品市场竞争的环境下，知识产权的保护对企业创新起到正向作用。我国目前实施"双轨制"知识产权保护制度，即通过司法保护及行政保护方式对知识产权进行保护。基于以上分析，本章提出研究假设 H1.1 和研究假设 H1.2。

H1.1：知识产权行政保护能够增强产品市场竞争对企业创新投入的正向作用。

H1.2：知识产权司法保护能够增强产品市场竞争对企业创新投入的正向作用。

7.1.2　知识产权保护调节作用的异质性：行业属性与地区属性

对于不同行业的企业来说，其技术的重要性有所差异。高科技行业属于技术密集型行业，在产品市场竞争中，企业的研发能力强弱和专利产出多少是衡量该行业中企业的价值以及能否持续发展和占据竞争优势的重要特征。如李诗等（2012）发现，高科技行业由于专利产出带来市值增加是非高科技行业的四倍，因此高科技行业对于知识产权保护程度更加敏感，反应程度更加剧烈。同时，高科技行业从事高新技术研发项目更加密集，可能存在更高的正外部性，在产品市场竞争的环境下，增强知识产权保护力度能降低被侵权的可能性，使得企业更愿意进行创新投入。相对来说，传统行业在产品市场竞争中的创新投入更多体现在改进生产工艺、优化流程、加强成本管理等方面，研发创新形成新产品新技术的力度与高科技行业有较大差距，被模仿被剽窃产生的不利影响有限，因此对知识产权保护的敏感性较低。

我国不同地区知识产权保护水平存在显著差异，东部地区整体上优于其他地区①，这与各地区经济发展水平、地方政府经济目标、市场发育程度及所处的创新发展阶段有关。首先，东部地区经济发展水平较高，技术密集型产业得到较快发展，对创新环境及营商环境有更高的需求，提高知识产权保护能促进企业原发性技术创新，抑制"搭便车"的行为；其他地区依赖劳动力或资源优势，知识产权保护过强会制约先进技术的引进传播和当地企业的模仿学习，为短期保护地方经济，地方知识产权执法可能存在"睁一只眼闭一只眼"的情况（张源媛 等，2014；姚利民 等，2009；马治国 等，2019）。同时，这些模仿企业虽然自主创新能力落后，但可能是承担稳定当地就业任务的劳动密集型企业，在经济下行压力较大的情况下，整治力度过大可能使企业降薪裁员，损失社会利益。其次，地方政府整治侵权行为需要耗费大量的人力、物力、财力，整治过后还可能余烬复燃，其他地区经济实力与东部地区相比较弱，为防止陷入这种高成本低效率的怪圈，可能把更多精力放在发展地区经济上。此外，知识产权保护给予专利持有人专有性、排他性的权利。与竞争激烈的东部地区相比，其他地区更易于形成垄断价格，导致该地区短期社会消费水平和消费者福利的下降（陈凤仙 等，2014）。

知识产权保护理论上存在一个最合适强度且各地区不同，我国各地区的实际强度还未达到理论上的最合适强度（唐保庆，2018）。实际和最合适强度的偏差越小，知识产权保护的效用越能够释放；该偏差过大，说明该地区原知识产权保护水平过弱，企业容易受到侵权行为的困扰，对于知识产权保护水平的波动并不敏感，直到知识产权保护水平进一步提高，与最合适强度的偏差缩小到一定程度，知识产权保护的调节效用才会逐渐释放。相比其他地区，东部地区知识产权保护实际水平较高，且和理论上最合适强度的偏差更小（唐保庆，2018），那么该制度的保障作用就更能使企业在面对着激烈的产品市场竞争时，提振创新信心，稳定创新预期，增强创新的积极性并提高创新投入。

基于以上分析，本章提出研究假设 H2.1 和研究假设 H2.2。

H2.1：相比传统行业，高科技行业知识产权保护对产品市场竞争促进企业创新投入的影响更强。

H2.2：相比其他地区，东部地区知识产权保护对产品市场竞争促进企业创新投入的影响更强。

---

① 参见 2012—2020 年发布的《中国知识产权发展状况评价报告》。

7.2 研究设计

7.2.1 样本选取和数据来源

创新对经济增长起到驱动作用（Solow，1956），是经济发展的第一动力，我国实施创新驱动发展战略，坚定不移地走自主创新强国之路。制造业是国民经济的主体，是我国的立国之本，对经济发展影响重大。《中国制造2025》为中国制造业发展和科技创新变革制订了详细的规划，制造业企业的创新能力直接影响到该规划能否实现。作为直接影响并决定企业自主创新水平的 R&D 投资，已成为影响企业生存和发展的重要战略性投资行为。本章选择制造业企业为研究对象，研究分析在知识产权行政保护和司法保护下，产品市场竞争对企业创新投入的影响。

本章的研究对象为我国 2008—2017 年的 A 股制造业企业，数据样本中剔除了以下几类企业：金融保险类企业，ST、* ST、PT 类企业，变量存在缺失的企业，共得到 7 663 个有效企业样本。本章主要数据来源于 CSMAR 数据库，其中企业研发投入数据来源于 Wind 数据库和 CSMAR 数据库，各省份城镇人口比重数据来源于《中国统计年鉴》。本章使用 Excel 2016 及 Stata 15 进行数据的处理和分析。

本章的知识产权行政保护数据和司法保护数据均为笔者手工收集。知识产权行政保护数据是从中国重要报纸全文数据库中人工下载并阅读 2008—2017 年全国除港澳台地区外的 31 个省（自治区、直辖市）在省委机关报上刊登的文章，根据文章内容筛选出宣传知识产权保护的文章数量共 4 219 篇。知识产权司法保护数据是在北大法宝数据库的司法案例库中人工下载并阅读 2008—2017 年全国除港澳台地区外 31 个省（自治区、直辖市）各级人民法院对于知识产权侵权案 36 470 件的判决书，根据判决书判断该起侵权案件是胜诉、败诉还是未做出判决。

7.2.2 模型设计

为验证本章假设 H1.1，分析知识产权行政保护作用下产品市场竞争对企业创新投入的影响，我们构建模型（7.1）；为验证本章假设 H1.2，分析知识产权司法保护作用下竞争对企业创新投入的影响，我们构建模型（7.2）。为验证假设 H2.1，分析不同行业知识产权保护对产品市场竞争促进企业创新投入的影响情况，我们按照不同行业（将行业分为高科技行业与传统行业）对模型（7.1）和模型（7.2）的样本进行分组检验；为验证本章假设 H2.2，各地区知识产权保护对产品市场竞争促进企业创新投入的影响情况，我们按照不同地区（将全国分为东北、东部、中部及西部地区）对模型（7.1）和模型（7.2）的样本进行分组检验。

$$RD_{i,\,t} = \beta_0 + \beta_1 Com_{i,\,t-1} + \beta_2 Com_{i,\,t-1} \times IPP1_{i,\,t} + \beta_3 IPP1_{i,\,t-1} + \sum Control_{i,\,t-1} +$$
$$\sum Industry + \sum Year + \varepsilon \qquad\qquad (7.1)$$
$$RD_{i,\,t} = \beta_0 + \beta_1 Com_{i,\,t-1} + \beta_2 Com_{i,\,t-1} \times IPP2_{i,\,t} + \beta_3 IPP2_{i,\,t-1} + \sum Control_{i,\,t-1} +$$
$$\sum Industry + \sum Year + \varepsilon \qquad\qquad (7.2)$$

在上述模型中，β_0 为截距项，β_i 为各变量系数，i 为企业个体，t 为时间，ε 为随机扰动项，企业创新投入（$RD_{i,t}$）为被解释变量，产品市场竞争（$Com_{i,t-1}$）为解释变量。模型（7.1）中知识产权行政保护（$IPP1_{i,t-1}$）为调节变量，模型（7.2）中知识产权司法保护（$IPP2_{i,t-1}$）为调节变量。主要变量定义详见表 7.1。

表 7.1　主要变量定义

变量类型	变量名称	变量符号	变量定义
被解释变量	企业创新投入强度	RDta	研发投入/期末总资产
解释变量	产品市场竞争	Com	折旧及息税前利润/销售额
调节变量	知识产权行政保护	IPP1	省委机关报宣传知识产权保护文章数/所有文章数
	知识产权司法保护	IPP2	各省（自治区、直辖市）内各级人民法院被侵权方胜诉案件数/法庭当年受理的总案件数

表 7.1(续)

变量类型	变量名称	变量符号	变量定义
控制变量	企业规模	Size	期末总资产的自然对数
	企业年龄	Age	样本年份减去注册年份后， 加 1 取对数
	企业盈利能力	ROA	总资产报酬率
	企业资本结构	Lev	总负债/总资产
	政府补贴强度	Sub	政府补贴收入/主营业务收入
	无形资产比重	Intangible	无形资产净额/总资产
	托宾 Q 值	Tobin Q	企业市场价值/总资产
	股权制衡	GQZH	公司第 2 股东至第 5 股东的持股 比例和/第 1 大股东的持股比例
	机构投资者持股比例	Institution	机构投资者持股比例， 如果没有持股则取值 0
	经济政策不确定性	Epu	经济政策不确定指数，按年 对月度数据取算数平均数
	年度	Year	年度虚拟变量
	行业	Ind	行业虚拟变量

7.2.3　变量定义

7.2.3.1　产品市场竞争

现有文献关于产品市场竞争程度主要有两种类型的衡量指标：第一种类型是从行业集中度的角度衡量企业所在行业的聚散程度，如赫芬达指数（HHI）（黄继承 等，2015；徐虹 等，2015；解维敏 等，2016）；第二种类型从公司层面出发测度企业市场势力的价格—成本边际，如勒纳指数（PCM）（吴昊旻 等，2012；张杰 等，2014），以此来体现企业所在行业内的竞争情况。由于本书研究的是制造业这一特定的行业，如果用传统的 HHI 来衡量，则行业中每一个企业都被认为具有同样的竞争水平，不能体现每个企业的个体特征及其所面临的产品市场竞争程度。本章借鉴张杰等（2014）的做法，采用勒纳指数（PCM）来衡量产品市场竞争强度，PCM 等于折旧及息税前利润除以销售额，PCM 越大，竞争强度越弱（Peress，2010）。为方便分析，在处理数据时，本章将产品市场竞争的衡量指标 PCM、EPCM 都取相反数，则检验结果中的PCM、EPCM 越大，表示企业面临的竞争强度越大。

7.2.3.2　企业创新投入

企业创新投入表现为研发投入，衡量指标主要有两种：一种是用研发投入除以总资产（周铭山 等，2017；杨道广 等，2017；王红建 等，2016；钟凯等，2017；田轩 等，2018；赵子夜 等，2018），另外一种是用研发投入除以营业收入（顾夏铭 等，2018；刘振 等，2018；杨林 等，2018；张璇 等，2017）。考虑到相对于总资产来说，营业收入更容易受到操纵，本章借鉴田轩等（2018）的做法，采用研发投入除以总资产来衡量企业创新投入。

7.2.3.3　知识产权保护执法力度衡量方式

本章借鉴吴超鹏等（2016）的衡量方式，用知识产权行政执法和司法保护两个方面来衡量各省（自治区、直辖市）知识产权保护的执法力度。

在行政保护方面，知识产权局及其地方分支机构承担着专利行政执法的职责。各省（自治区、直辖市）省委重视知识产权保护程度（IPP1）主要是指2008—2017 年各省（自治区、直辖市）省委每年在省委机关报上宣传知识产权保护的文章数目除以当年该省委机关报所有文章数目。每个省（自治区、直辖市）的省委有一份机关报，每日发行，机关报上刊载着大量与各省（自治区、直辖市）政策主张有关的内容与报道，是各省（自治区、直辖市）政策宣传的重要工具，有着最重要的舆论宣传力量，引导着该省（自治区、直辖市）的社会舆论。宣传知识产权保护的文章是指文章中包含以下内容：保护知识产权、专利、版权及商标；打击知识产权、专利、版权及商标侵权①。

2008—2017 年全国除港澳台地区外的 31 个省（自治区、直辖市）省委机关报的总文章数为 1 315 178 篇，其中最多的为湖北省，共 63 444 篇；最少的为山东省，共 13 141 篇。数据的收集过程如下：首先，我们分省份开展收集工作，收集该省份的省委机关报②。报纸日期为 2008 年 1 月 1 日至 2017 年12 月 31 日。通过中国知网的高级检索功能，检索条件为全文中包含"知识产权保护"，或者"专利保护"，或者"商标保护"，或者"版权保护"，或者"打击知识产权侵权"，或者"打击商标侵权"，或者"打击专利侵权"，或者

---

① 吴超鹏，唐菂. 知识产权保护执法力度、技术创新与企业绩效：来自中国上市公司的证据[J]. 经济研究，2016，51（11）：125–139.

② 各省份的省委机关报分别为：《北京日报》、《天津日报》、《解放日报》、《重庆日报》、《河北日报》、《山西日报》、《内蒙古日报》、《辽宁日报》、《吉林日报》、《黑龙江日报》、《新华日报》（江苏）、《浙江日报》、《安徽日报》、《福建日报》、《江西日报》、《大众日报》（山东）、《河南日报》、《湖北日报》、《湖南日报》、《南方日报》（广东）、《广西日报》、《海南日报》、《四川日报》、《贵州日报》、《云南日报》、《西藏日报》、《陕西日报》、《甘肃日报》、《宁夏日报》、《青海日报》、《新疆日报》。

"打击版权侵权"。其次，通过这样的检索方式，我们初步筛选出每个省份有可能包含"知识产权保护"等相关内容的文章数，但由于检索功能不够完善，以"知识产权保护"这个词为例，检索出的文章有可能是"知识""产权""保护"三个分开的词组在文中的三个不同的地方，而并不是表示"保护知识产权"。因此，在初步筛选的基础上，每一篇文章都通过人工阅读的方式判断该文章是否表达对知识产权的保护或对侵权现象的打击。最后，我们得到2008—2017 年全国除港澳台地区外的 31 个省（自治区、直辖市）省委宣传报宣传知识产权保护的文章总数为 4 219 篇。

在司法保护方面，各省份各级人民法院承担专利司法保护的职责。被侵权方司法判决胜诉率（IPP2）这一指标的衡量方式为：2008—2017 年各省份各年度在知识产权侵权案件中，被侵权方胜诉的案件数除以当年法庭受理的案件总数。在稳健性检验中，被侵权方胜诉的案件数除以当年法庭做出判决的案件总数（胜诉案件加败诉案件之和）。为构建该指标，笔者在北大法宝数据库的司法案例库中，通过人工下载并阅读了 2008—2017 年全国除港澳台地区外的31 个省（自治区、直辖市）各级人民法院关于知识产权侵权案件的判决书。知识产权侵权案件包括"专利合同纠纷"和"专利权权属、侵权纠纷"两种类型的案件。被侵权方（专利拥有者）胜诉主要是指法庭要求被告即侵权者停止侵权行为，并按照一定的标准赔付被侵权方经济损失、侵权产品和设备损失以及诉讼费。因此，这个指标能够衡量法院对知识产权拥有者的保护倾向，并了解其在专利诉讼中胜诉的可能性（吴超鹏 等，2016）。通过人工阅读得到2008—2017 年全国除港澳台地区外的 31 个省（自治区、直辖市）省委知识产权侵权案件总数为 36 470 件，判决胜诉数为 12 059 件，判决败诉数为 4 310 件，法庭未做出判决数为 20 101 件。

7.2.3.4 其他变量

在控制变量方面，本章借鉴现有文献（袁建国 等，2015；张劲帆 等，2017；徐晓萍 等，2017；任海云 等，2018；林慧婷 等，2018；顾夏铭 等，2018）的做法，在实证模型中控制了企业规模（Size）、企业年龄（Age）、资产负债率（Lev）、政府补贴（Sub）、经济政策不确定性（Epu）等变量。此外，本章还考虑了行业和年度的影响。

经济政策不确定对企业的创新活动及投资活动有很大的影响（Bhattacharya et al.，2014；饶品贵 等，2017；孟庆斌 等，2017；顾夏铭 等，2018），本章借鉴饶品贵等（2017）、陈胜蓝等（2017）、顾夏铭等（2018）、彭俞超等（2018）的做法，采用由斯坦福大学、芝加哥大学等合作开发的关于中国经济政策下的"不确定指数"作为经济政策不确定性变量，在模型中予以控制。

7.2.4　描述性统计

表 7.2 为主要变量描述性统计结果。从表 7.2 可以看出，在样本期间，制造业技术创新投入（RDta）的平均值为 0.021，说明研发投入占总资产的平均比例为 2.1%，中位数为 0.019，最大值为 0.082，标准差为 0.015。在样本期间，制造业产品市场竞争的程度平均值为 0.148，说明折旧及息税前利润占收入的平均比例为 14.8%，最小值为 −50.3%，最大值为 66.8%，标准差为 0.125。可见，制造业各企业面临的产品市场竞争差异较大。知识产权行政保护方面，各省（自治区、直辖市）省委对知识产权保护的重视程度（IPP1）为 0.005，即该省（自治区、直辖市）每一年在省委机关报纸上对知识产权宣传的相关文章数目占该报纸文章总数比例的平均数为 0.5%，各省份重视程度最小值为 0.1%，最大值为 1.3%。知识产权司法保护方面，被侵权方司法保护判决胜诉的比率均值为 0.365，即各个省份发生知识产权侵权的案件中，被侵权一方获得胜诉占案件总数的比例为 36.5%，标准差为 0.184，变异系数为 0.50，表明各省份知识产权司法保护程度异质性中等。知识产权司法保护最小值为 0，最大值为 1.727，司法保护数据之所以出现大于 1 的情况，是因为该省份当年的胜诉数可能包含上一年的案件，但是受理的总案件是当年数，所以可能出现当年的胜诉数大于当年受理案件的总数。最大值 1.727 是新疆维吾尔自治区 2012 年的知识产权司法保护数据，当年受理的总案件中，判决的胜诉数为 19 件，败诉数为 4 件。在稳健性检验中，我们用当年的胜诉案件数除以胜诉案件加败诉案件之和来表示知识产权司法保护的数据。

表 7.2　主要变量描述性统计结果

变量	N	mean	sd	min	p25	p50	p75	max
RDta	7 663	0.021	0.015	0.000	0.011	0.019	0.029	0.082
PCM	7 663	−0.148	0.125	−0.668	−0.202	−0.135	−0.083	0.503
IPP1	7 663	0.005	0.003	0.001	0.002	0.004	0.007	0.013
IPP2	7 663	0.365	0.184	0.000	0.251	0.320	0.453	1.727
Size	7 663	21.910	1.124	19.180	21.100	21.750	22.540	25.210
Age	7 663	2.642	0.402	0.693	2.398	2.708	2.944	3.611
ROA	7 663	0.049	0.037	−0.001	0.016	0.043	0.077	0.114
Lev	7 663	0.395	0.180	0.136	0.237	0.387	0.545	0.691
Sub	7 663	0.011	0.010	0.001	0.003	0.007	0.015	0.032
Intangible	7 663	0.047	0.037	0.000	0.023	0.039	0.059	0.231
Tobin Q	7 663	2.275	1.395	0.682	1.132	1.887	3.149	5.097

表7.2(续)

变量	N	mean	sd	min	p25	p50	p75	max
GQZH	7 663	0.637	0.460	0.095	0.236	0.526	0.956	1.530
Institution	7 663	0.052	0.045	0.001	0.016	0.040	0.075	0.214
Epu	7 663	199.100	90.070	82.250	123.600	179.000	244.400	364.800

2008—2017 年各省份知识产权行政保护程度如图 7.1 所示。从图 7.1 中可以看出，行政保护程度最高的前三名为广东省、江苏省、上海市，行政保护程度最低的为宁夏回族自治区、山西省和江西省；各省份的行政保护程度显著不平衡，行政保护程度较高的地区大多有较好的经济基础。

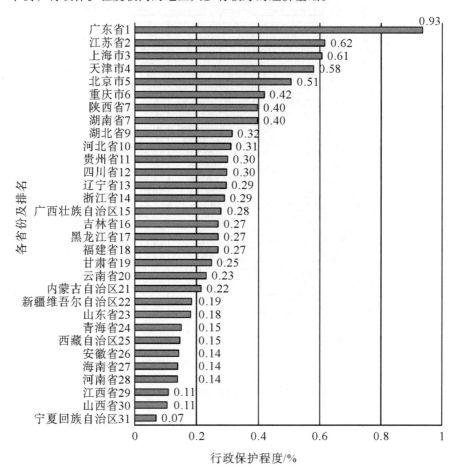

注：因为陕西省和湖南省并列第七，故湖北省排名自动后移，排在第九位。

图7.1　各省份知识产权行政保护程度（2008—2017 年）

2008—2017 年各省份知识产权司法保护程度如图 7.2 所示。从图 7.2 中可以看出，司法保护程度最高的前三名为广东省、北京市、云南省，司法保护程度最低的为西藏自治区、辽宁省和海南省；各省份司法保护程度有显著的不平衡，司法保护程度较高说明该地区对于知识产权侵权的打击程度更大，更加保护专利所有者的权利。

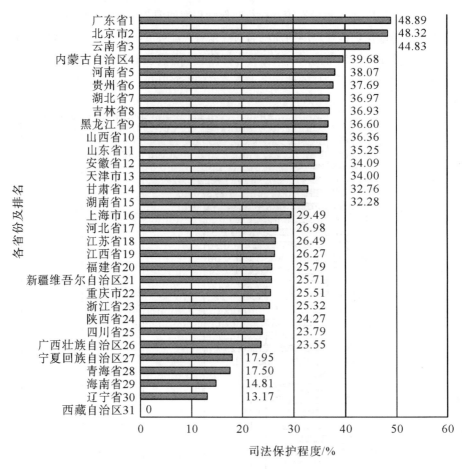

图 7.2　各省份知识产权司法保护程度（2008—2017 年）

7.3 实证结果和分析

7.3.1 知识产权保护作用下产品市场竞争对企业创新投入的影响

表7.3报告了各省份知识产权行政保护作用下产品市场竞争对企业创新投入影响的多元回归结果。被解释变量均为当期企业创新投入（RDta），解释变量是上一期的产品市场竞争（PCM），控制了企业规模、企业年龄、资产负债率等公司特征变量，控制了年度效应和行业效应。回归（1）引入当期知识产权行政保护作为控制变量，从回归（1）可以看出，知识产权行政保护对企业技术创新投入有促进作用，系数为0.359，且在1%的水平上显著为正。回归（2）引入当期知识产权行政保护作为调节变量，从回归（2）可以看出，产品市场竞争与知识产权行政保护的交乘项（PCM×IPP1）的影响系数为0.658，且在10%的水平上显著。以上数据说明，知识产权行政保护对产品市场竞争促进企业创新投入存在正向影响，知识产权行政保护越强，产品市场竞争越会促进企业投入更多的资源到科研创新中。由此可见，本章假设 H1.1 得到验证。

表 7.3 各省份知识产权行政保护作用下
产品市场竞争对企业创新投入影响的多元回归结果

变量	(1) RDta	(2) RDta
PCM	0.032***	0.029***
	(19.56)	(12.13)
IPP1	0.359***	0.453***
	(7.50)	(6.24)
PCM×IPP1	—	0.658*
		(1.72)
Size	−0.001***	−0.001***
	(−3.60)	(−3.59)
Age	−0.002***	−0.002***
	(−3.85)	(−3.83)
ROA	0.139***	0.139***
	(23.10)	(23.14)

表7.3(续)

变量	（1） RDta	（2） RDta
Lev	−0.001 (−0.47)	−0.001 (−0.43)
Sub	0.218*** (12.73)	0.219*** (12.75)
Intangible	−0.030*** (−7.01)	−0.030*** (−6.99)
Tobin Q	0.001*** (4.35)	0.001*** (4.35)
GQZH	0.000 (0.45)	0.000 (0.45)
Institution	0.012*** (3.36)	0.012*** (3.31)
Epu	0.000 (1.40)	0.000 (1.39)
Constant	0.024*** (5.05)	0.023*** (4.92)
年度效应	控制	控制
行业效应	控制	控制
N	7 663	7 663
Adj. R^2	0.203	0.203

注：***、*分别表示在1%和10%的显著性水平下显著；括号内的数值为 t 值。

表7.4 中报告了各省份知识产权司法保护作用下产品市场竞争对企业创新投入影响的多元回归结果。回归（1）引入当期知识产权司法保护作为控制变量，从回归（1）可以看出，知识产权司法保护对企业创新投入有促进作用，系数为 0.005，且在 1% 的水平上显著为正。回归（2）引入当期知识产权司法保护作为调节变量，从回归（2）可以看出，产品市场竞争与知识产权司法保护的交乘项（PCM×IPP2）的影响系数为 0.030，且在 1% 的水平上显著。由此说明，知识产权司法保护对产品市场竞争促进企业创新投入存在正向影响，知识产权司法保护越强，产品市场竞争越会促进企业投入更多的资源到科研创新中。因此，本章假设 H1.2 得到验证。

表 7.4 各省份知识产权司法保护作用下
产品市场竞争对企业创新投入影响的多元回归结果

变量	(1) RDta	(2) RDta
PCM	0.032 *** (19.78)	0.022 *** (7.65)
IPP2	0.005 *** (5.59)	0.010 *** (7.10)
PCM×IPP2	—	0.030 *** (4.53)
Size	−0.001 *** (−3.96)	−0.001 *** (−3.91)
Age	−0.002 *** (−4.14)	−0.002 *** (−4.10)
ROA	0.139 *** (23.17)	0.139 *** (23.19)
Lev	−0.001 (−0.75)	−0.001 (−0.93)
Sub	0.212 *** (12.35)	0.213 *** (12.47)
Intangible	−0.031 *** (−7.23)	−0.031 *** (−7.17)
Tobin Q	0.001 *** (4.62)	0.001 *** (4.63)
GQZH	0.000 (0.62)	0.000 (0.68)
Institution	0.011 *** (3.08)	0.011 *** (3.07)
Epu	0.000 (1.52)	0.000 (1.55)
Constant	0.026 *** (5.52)	0.024 *** (5.11)
年度效应	控制	控制
行业效应	控制	控制

表7.4(续)

变量	（1） RDta	（2） RDta
N	7 663	7 663
Adj. R^2	0.200	0.202

注：*** 表示在1%的显著性水平下显著；括号内的数值为 t 值。

7.3.2 知识产权保护调节作用的异质性：行业属性与地区属性

7.3.2.1 知识产权保护调节作用的异质性：高科技行业与传统行业

本章借鉴龙小宁等（2018）和黎文靖等（2016）的分类，将制造业分为高科技行业和传统行业，分样本分析知识产权保护调节作用的异质性。高科技行业是指通用设备制造业，专用设备制造业，交通运输设备制造业，电气机械及器材制造业，计算机及其他电子设备制造业，通信设备、仪器仪表制造业，文化、办公用机械制造业，有色金属冶炼和压延加工业，金属制品业；其他为传统行业。回归结果如表7.5所示，回归（1）、回归（3）是高科技行业，回归（2）、回归（4）是传统行业，分样本报告知识产权行政保护和司法保护的调节作用。从回归结果可以得出，对于高科技行业来说，无论是行政保护维度还是司法保护维度，知识产权保护与产品市场竞争的交乘项都为正，且分别在5%和1%的水平上显著，而传统行业的交乘项都不显著，说明高科技行业对于企业当地知识产权保护水平有很强的敏感性。由此可见，本章假设H2.1得到验证。

在产品市场竞争中，由于高科技行业制造企业从事高新技术研发项目更加密集，相比传统行业可能存在更高的正外部性和风险，因此对知识产权的保护更加敏感。加大地区的知识产权保护力度，管理层愿意为外部投资者提供更多的技术细节，增强投资者的信心，有助于缓解企业创新投入资金的不足，从而增强企业创新。

表 7.5 产品市场竞争、知识产权保护与企业创新投入：分行业类别

变量	（1）	（2）	（3）	（4）
	知识产权行政保护		知识产权司法保护	
	高科技	传统行业	高科技	传统行业
	RD	RD	RD	RD
PCM	0.030 *** (8.14)	0.026 *** (8.84)	0.018 *** (3.80)	0.023 *** (6.76)

表7.5(续)

变量	（1）	（2）	（3）	（4）
	知识产权行政保护		知识产权司法保护	
	高科技	传统行业	高科技	传统行业
	RD	RD	RD	RD
PCM×IPP1	1.209**	−0.024	—	—
	(2.09)	(−0.05)		
IPP1	0.603***	0.230**	—	—
	(5.82)	(2.23)		
PCM×IPP2	—	—	0.054***	0.010
			(4.83)	(1.25)
IPP2	—	—	0.018***	0.003
			(8.23)	(1.48)
Size	−0.000	−0.001***	−0.000	−0.001***
	(−0.98)	(−4.10)	(−1.42)	(−4.06)
Age	−0.002***	−0.002***	−0.002***	−0.002***
	(−2.67)	(−2.70)	(−2.86)	(−2.83)
ROA	0.159***	0.121***	0.159***	0.121***
	(16.60)	(16.30)	(16.69)	(16.31)
Lev	0.002	−0.003*	0.002	−0.003**
	(1.27)	(−1.87)	(0.99)	(−2.10)
Sub	0.298***	0.092***	0.295***	0.087***
	(12.01)	(3.88)	(11.94)	(3.66)
Intangible	−0.024***	−0.030***	−0.026***	−0.030***
	(−3.65)	(−5.36)	(−3.91)	(−5.30)
Tobin Q	0.001***	0.000	0.001***	0.000*
	(3.99)	(1.50)	(4.10)	(1.68)
ER	−0.002***	0.002***	−0.002***	0.002***
	(−2.86)	(4.09)	(−2.83)	(4.30)
Institution	0.018***	0.007	0.015***	0.007
	(3.17)	(1.56)	(2.66)	(1.53)
Epu	0.000*	−0.000	0.000**	0.000
	(1.90)	(−0.03)	(1.99)	(0.04)

表7.5(续)

变量	(1)	(2)	(3)	(4)
	知识产权行政保护		知识产权司法保护	
	高科技	传统行业	高科技	传统行业
	RD	RD	RD	RD
Constant	0.011	0.036***	0.013	0.036***
	(1.43)	(6.23)	(1.61)	(6.26)
年度效应	控制	控制	控制	控制
行业效应	控制	控制	控制	控制
N	3 775	3 888	3 775	3 888
Adj. R^2	0.159	0.183	0.165	0.181

注：***、**、*分别表示在1%、5%和10%的显著性水平下显著，括号内的数值为t值。

7.3.2.2　知识产权保护调节作用的异质性：东部地区与其他地区

（1）分地区的知识产权行政保护作用下，产品市场竞争对企业创新投入的影响。

由于我国各地区在经济社会发展水平、知识创新等方面存在较大差异，根据国家统计局2011年的划分办法，此处将我国划分为四大经济区域，分别为东北地区、东部地区、中部地区、西部地区。从知识产权行政保护角度来看，各地区的知识产权保护对产品市场竞争与企业创新投入影响的调节作用水平如表7.6所示。

表7.6　各地区的知识产权保护对产品市场竞争与企业创新投入
影响的调节作用水平（知识产权行政保护角度）

变量	(1) RDta 东北地区	(2) RDta 东部地区	(3) RDta 中部地区	(4) RDta 西部地区
PCM	0.000	0.031***	0.033***	0.011*
	(0.01)	(9.25)	(4.97)	(1.70)
PCM×IPP1	4.869	0.740*	2.469	0.024
	(1.20)	(1.65)	(1.34)	(0.01)
IPP1	−0.026	0.352***	1.024***	0.359
	(−0.03)	(4.10)	(2.82)	(0.92)
Size	0.002***	−0.001**	−0.001**	−0.001***
	(2.72)	(−2.22)	(−2.50)	(−3.23)

表7.6(续)

变量	（1） RDta 东北地区	（2） RDta 东部地区	（3） RDta 中部地区	（4） RDta 西部地区
Age	−0.004* （−1.95）	−0.001*** （−2.71）	−0.001 （−1.03）	−0.001 （−0.50）
ROA	0.037 （1.55）	0.143*** （19.47）	0.172*** （10.40）	0.085*** （5.70）
Lev	−0.006 （−1.26）	0.002 （1.47）	0.002 （0.57）	−0.007** （−2.50）
Sub	−0.013 （−0.21）	0.317*** （14.72）	0.146*** （3.26）	0.045 （1.09）
Intangible	−0.031** （−2.13）	−0.016*** （−3.02）	−0.092*** （−7.79）	−0.024** （−2.34）
Tobin Q	0.003*** （4.49）	0.001*** （5.08）	0.000 （0.02）	0.000 （0.28）
GQZH	0.001 （0.61）	0.000 （0.22）	−0.000 （−0.46）	−0.000 （−0.42）
Institution	0.016 （1.08）	0.007 （1.52）	0.007 （0.77）	0.031*** （3.79）
Epu	0.000 （0.57）	0.000* （1.66）	0.000 （1.19）	−0.000 （−1.03）
Constant	−0.040* （−1.77）	0.016*** （2.74）	0.041*** （3.19）	0.041*** （3.81）
年度效应	控制	控制	控制	控制
行业效应	控制	控制	控制	控制
N	350	5 071	1 230	1 012
Adj. R^2	0.295	0.202	0.206	0.223

注：***、**、*分别表示在1%、5%和10%的显著性水平下显著；括号内的数值为t值。

由表7.6所示，被解释变量是当期企业创新投入（RDta），解释变量是上一期的产品市场竞争（PCM），引入知识产权行政保护作为调节变量。回归（1）为东北地区，回归（2）为东部地区，回归（3）为中部地区，回归（4）为西部地区，其中只有东部地区的知识产权行政保护对产品市场竞争促进企业创新投入影响显著，估计系数为0.740，行政保护越高，产品市场竞争越会促进企业投入更多的资源到科研创新中；而在东北地区、中部地区和西部地区，知识产权行政保护的调节作用不显著。

（2）分地区的知识产权司法保护作用下，产品市场竞争对企业创新投入的影响。

根据国家统计局2011年的划分办法，此处将我国划分为东北、东部、中部、西部四大经济区域。从知识产权司法保护角度来看，各地区的知识产权保护对产品市场竞争与企业创新投入影响的调节作用水平，见表7.7。

如表7.7所示，被解释变量是当期企业创新投入（RDta），解释变量是上一期的产品市场竞争（PCM），知识产权司法保护为调节变量。回归（1）为东北地区，回归（2）为东部地区，回归（3）为中部地区，回归（4）为西部地区，其中东部地区知识产权司法保护的调节作用在1%的显著水平下显著，系数为0.035，说明东部地区知识产权司法保护能促进产品市场竞争对企业创新投入的促进作用；而在东北地区、中部地区和西部地区，知识产权司法保护的调节作用不显著。

表7.7 各地区的知识产权保护对产品市场竞争与企业创新投入影响的调节作用水平（知识产权司法保护角度）

变量	（1） RDta 东北地区	（2） RDta 东部地区	（3） RDta 中部地区	（4） RDta 西部地区
PCM	0.012	0.023 ***	0.031 ***	0.005
	(1.26)	(5.25)	(3.85)	(0.81)
PCM×IPP2	0.010	0.035 ***	0.020	0.021
	(0.47)	(3.36)	(1.10)	(1.41)
IPP2	−0.005	0.013 ***	0.006	0.004
	(−0.90)	(6.17)	(1.45)	(1.56)
Size	0.002 **	−0.001 **	−0.001 ***	−0.001 *
	(2.57)	(−2.57)	(−2.64)	(−1.90)
Age	−0.004 *	−0.001 ***	−0.001	−0.001
	(−1.76)	(−2.63)	(−0.95)	(−0.25)
ROA	0.037	0.143 ***	0.169 ***	0.084 ***
	(1.53)	(19.45)	(10.18)	(3.43)
Lev	−0.007	0.002	0.001	−0.008 *
	(−1.40)	(1.32)	(0.42)	(−1.86)

表7.7(续)

变量	(1) RDta 东北地区	(2) RDta 东部地区	(3) RDta 中部地区	(4) RDta 西部地区
Sub	−0.017 (−0.29)	0.315*** (14.69)	0.148*** (3.30)	0.043 (0.64)
Intangible	−0.034** (−2.33)	−0.019*** (−3.46)	−0.088*** (−7.50)	−0.023 (−1.46)
Tobin Q	0.003*** (4.23)	0.001*** (5.16)	0.000 (0.27)	0.000 (0.18)
GQZH	0.001 (0.92)	0.000 (0.18)	−0.000 (−0.31)	−0.000 (−0.13)
Institution	0.018 (1.20)	0.007 (1.50)	0.008 (0.82)	0.031*** (2.62)
Epu	0.000 (0.51)	0.000 (1.54)	0.000 (1.21)	−0.000 (−0.61)
Constant	−0.038* (−1.70)	0.016*** (2.75)	0.043*** (3.38)	0.041** (2.25)
年度效应	控制	控制	控制	控制
行业效应	控制	控制	控制	控制
N	350	5 071	1 230	1 012
Adj. R^2	0.293	0.205	0.202	0.225

注：***、**、*分别表示在1%、5%和10%的显著性水平下显著；括号内的数值为 t 值。

通过以上分析可以得出，对于东部地区来说，无论是知识产权行政保护还是司法保护，都显著促进产品市场竞争对企业创新投入的影响，本章假设H2.2得到验证。结合图7.1和图7.2来看，我国知识产权保护有显著的区域发展不平衡的情况，东部地区保护最强，西部地区保护最弱。知识产权发展状况的不平衡，反映了各地区经济发展和市场发育水平的不平衡，也反映了地区间产业分布的不平衡①。

在现有知识产权保护的情况下，各地区应促进区域知识产权的协调发展。知识产权保护制度的推进与我国"西部大开发""东北振兴""中部崛起""东部新跨越"的区域发展计划一致。东部地区在物质及人力资本、创新资

---

① 根据《2017年中国知识产权发展状况评价报告》整理。

金、产业推进政策等多个方面优越于其他地区（唐保庆 等，2018），那么东部地区就更要借助于知识产权保护这一制度因素，进一步通过资本优化配置深化产品市场竞争对企业创新投入的促进作用。我国应支持西部地区各省（自治区、直辖市）加快知识产权保护制度的发展，对创新环境进行改善；实施支持东北老工业基地振兴相关的知识产权政策，在产品市场竞争的环境下，推动传统制造业向科技型的制造产业转型升级；提高中部地区各省（自治区、直辖市）各种特色优势产业的知识产权水平①，并促进其更快速地发展。

对于各地区来说，在面对激烈的产品市场竞争环境时，提高和完善知识产权保护制度，不但能够推进该地区的创新成果"走出去"，还能帮助各地区"引进来"更先进的创新成果，吸引更多自主创新型企业，并且继续加大创新投入力度，推动地区经济的高质量发展。

7.3.3 进一步分析

根据 Hausman 等（1984）的研究，企业研发投入与专利产出之间显著正相关，创新投入的目的是获取专利（潘越 等，2016），以确保技术的专有性。因此，本章进一步分析产品市场竞争对企业创新产出的影响及知识产权保护的调节作用。表7.8中被解释变量是企业创新产出即专利产出（Patent），回归（1）、回归（2）、回归（3）的解释变量分别是产品市场竞争的连续变量（PCM）、虚拟变量（NPCM）以及介于连续变量和虚拟变量之间的变量（NNPCM）。从表7.8中可以看出，产品市场竞争与企业创新产出在1%的水平上显著正相关，即产品市场竞争对企业创新产出有促进作用。

表7.8 产品市场竞争与企业创新产出

变量	（1） Patent	（2） Patent	（3） Patent
PCM	1.766 *** (14.29)	—	—
NPCM	—	0.366 *** (7.25)	—
NNPCM	—	—	0.861 *** (8.38)

---

① 根据国务院印发的《"十三五"国家知识产权保护和运用规划》整理。

变量	（1） Patent	（2） Patent	（3） Patent
Size	0.560 *** （36.15）	0.538 *** （14.52）	0.550 *** （14.99）
Age	−0.228 *** （−6.73）	−0.248 *** （−3.86）	−0.250 *** （−3.94）
ROA	10.292 *** （22.44）	9.596 *** （12.39）	10.861 *** （13.06）
Lev	0.128 （1.37）	0.199 （1.33）	0.132 （0.88）
Sub	9.843 *** （7.39）	9.544 *** （4.22）	11.519 *** （5.11）
Intangible	0.585 * （1.77）	0.804 （1.39）	0.799 （1.39）
Tobin Q	0.000 （0.03）	−0.004 （−0.18）	−0.000 （−0.01）
ER	0.014 （0.52）	0.011 （0.22）	0.016 （0.31）
Institution	1.601 *** （6.07）	1.667 *** （4.18）	1.659 *** （4.19）
Epu	0.002 *** （9.14）	0.002 *** （7.85）	0.002 *** （7.30）
Constant	−10.239 *** （−29.68）	−10.192 *** （−12.69）	−10.808 *** （−13.52）
年度效应	控制	控制	控制
行业效应	控制	控制	控制
N	8 180	8 180	8 180
Adj. R^2	0.367	0.364	0.370

注：***、* 分别表示在 1% 和 10% 的显著性水平下显著；括号内的数值为 t 值。

如表 7.9 所示，被解释变量是企业创新产出即专利产出（Patent），解释变量是产品市场竞争（PCM），知识产权行政保护和司法保护为调节变量。在分析知识产权保护对产品市场竞争促进企业创新产出的调节作用时，考虑到企业研发投入到形成创新产出需要时间和技术的积累，有滞后性，因此将被解释变量企业创新产出即专利产出分别滞后一期和滞后两期进行回归。由回归结果得出，各省（自治区、直辖市）知识产权司法保护在下一期就促进了产品市场竞争对企业创新产出的正向影响，即第（3）列知识产权司法保护的调节作用（PCM×IPP2）在5%的显著水平下显著，回归系数为0.899；而行政保护的调节作用需要更长时间，在滞后两期时起到显著的促进作用，即第（2）列知识产权行政保护的调节作用（PCM×IPP1）在5%的显著水平下显著，回归系数为83.808。

表 7.9　产品市场竞争、知识产权保护与企业创新产出

变量	（1）	（2）	（3）	（4）
	知识产权行政保护		知识产权司法保护	
	滞后一期	滞后两期	滞后一期	滞后两期
	Patent	Patent	Patent	Patent
PCM	1.628 ***	1.440 ***	1.440 ***	1.610 ***
	（9.25）	（7.15）	（7.14）	（7.04）
PCM×IPP1	13.865	83.808 **	—	—
	（0.45）	（2.28）		
IPP1	49.809 ***	59.555 ***	—	—
	（8.12）	（8.19）		
PCM×IPP2	—	—	0.899 **	0.627
			（1.98）	（1.25）
IPP2	—	—	0.470 ***	0.442 ***
			（4.88）	（4.21）
Size	0.564 ***	0.547 ***	0.554 ***	0.539 ***
	（36.70）	（32.33）	（35.80）	（31.60）
Age	−0.205 ***	−0.202 ***	−0.224 ***	−0.219 ***
	（−6.08）	（−5.45）	（−6.62）	（−5.87）
ROA	10.134 ***	10.385 ***	10.316 ***	10.518 ***
	（22.25）	（20.05）	（22.52）	（20.21）
Lev	0.151	0.248 **	0.124	0.214 **
	（1.63）	（2.36）	（1.34）	（2.03）
Sub	10.692 ***	10.003 ***	10.019 ***	9.519 ***
	（8.08）	（6.67）	（7.53）	（6.31）
Intangible	0.618 *	0.442	0.590 *	0.447
	（1.89）	（1.18）	（1.79）	（1.19）

表7.9(续)

变量	(1)	(2)	(3)	(4)
	知识产权行政保护		知识产权司法保护	
	滞后一期	滞后两期	滞后一期	滞后两期
	Patent	Patent	Patent	Patent
Tobin Q	−0.009	0.001	−0.002	0.009
	(−0.66)	(0.05)	(−0.13)	(0.58)
ER	−0.000	0.027	0.012	0.035
	(−0.01)	(0.90)	(0.43)	(1.17)
Institution	1.631***	1.884***	1.553***	1.768***
	(6.24)	(6.40)	(5.90)	(5.97)
Epu	0.001***	0.003***	0.002***	0.004***
	(4.68)	(4.01)	(7.21)	(5.73)
Constant	−10.275***	−9.945***	−10.144***	−9.828***
	(−29.98)	(−26.53)	(−29.36)	(−25.99)
年度效应	控制	控制	控制	控制
行业效应	控制	控制	控制	控制
N	8 180	6 590	8 180	6 590
Adj. R^2	0.378	0.356	0.370	0.349

注：***、**、*分别表示在1%、5%和10%的显著性水平下显著；括号内的数值为 t 值。

7.4 稳健性检验

为检验知识产权保护对产品市场竞争影响创新投入调节作用的稳健性，本章进行相关稳健性检验。

7.4.1 更换调节变量知识产权保护的衡量方式

首先是更换知识产权行政保护的衡量方式。为保证结果的稳健性，借鉴史宇鹏（2013）的做法，本章用知识产权局对于专利行政执法案件的查处力度，即该地区专利侵权纠纷、假冒他人专利案件的结案数除以立案数重新构建知识产权行政保护指标，对模型进行估计，结果如表7.10中的回归（1）所示。该指标数值越高，表示该地区专利行政执法的处理力度越大，表明知识产权行政保护程度越强。

其次是更换知识产权司法保护的衡量方式。前文在衡量各地区司法保护时，采用的指标是各地区当年知识产权侵权案件胜诉数除以受理的侵权案件总数。法庭审理侵权案件时，不仅包括能做出判决的案件，还包括如庭外和解、移交其他法院等未能做出判决的案件（吴超鹏 等，2016）。为保证结果的稳健性，此处用法庭判决胜诉案件数除以胜诉案件数和败诉案件数之和重新构建知识产权司法保护指标，对模型进行估计，结果如表 7.10 中的回归（2）所示。回归（1）和回归（2）中，被解释变量均为当期企业创新投入，解释变量为上一期产品市场竞争。由回归（1）和回归（2）可以看出，产品市场竞争与知识产权行政保护及司法保护的交乘项系数均为正数，且分别在 5% 和 1% 的水平上显著，与前文的研究结论保持一致。

表 7.10　产品市场竞争、知识产权保护与企业创新投入（更换变量衡量方式）

变量	(1) RDta 知识产权行政保护	(2) RDta 知识产权司法保护
PCM	0.015 ** (2.04)	0.010 ** (2.12)
PCM×IPP1	0.019 ** (2.41)	—
PP1	0.003 (1.53)	—
PCM×IPP2	—	0.033 *** (5.25)
IPP2	—	0.009 *** (6.48)
Size	−0.001 *** (−3.76)	−0.001 *** (−3.52)
Age	−0.002 *** (−4.25)	−0.002 *** (−4.09)
ROA3	0.140 *** (23.28)	0.140 *** (23.24)
Lev	−0.001 (−0.71)	−0.001 (−0.85)

表4.2(续)

变量	(1) RDta 知识产权行政保护	(2) RDta 知识产权司法保护
Sub	0. 210 ***	0. 215 ***
	(12. 22)	(12. 53)
Intangible	−0. 031 ***	−0. 031 ***
	(−7. 09)	(−7. 11)
Tobin Q	0. 001 ***	0. 001 ***
	(4. 66)	(4. 90)
GQZH	0. 000	0. 000
	(0. 67)	(0. 53)
Institution	0. 012 ***	0. 012 ***
	(3. 27)	(3. 30)
Epu	0. 000	0. 000
	(1. 60)	(1. 53)
Constant	0. 024 ***	0. 019 ***
	(4. 68)	(3. 94)
年度效应	控制	控制
行业效应	控制	控制
N	7 663	7 663
Adj. R^2	0. 198	0. 201

注: ***、**分别表示在1%和5%的显著性水平下显著;括号内的数值为 t 值。

7.4.2 更换样本区间

改革开放以来,我国知识产权保护制度大致经历了三个阶段。第一阶段(1979—2000 年)为知识产权基本制度建立阶段。我国在改革开放后加入了《巴黎公约》等协议,相继出台《中华人民共和国专利法》等一系列法律制度。第二阶段(2001—2011 年)为知识产权保护实践探索阶段。我国加入世界贸易组织,签订 Trips 协议,并发布了《国家知识产权战略纲要》。第三阶段(2012 年至今)为知识产权保护全面加强、全面从严阶段。2012 年 11 月,党的十八大明确提出,我国要"实施知识产权战略,加强知识产权保护"以促进创新发展。从这次会议之后,党中央和国务院对知识产权保护更加重视,在多个会议中多次强调知识产权的重要性。由于党的十八大是 2012 年年底召

开的，所以样本区间从 2013 年开始。为保证结果的稳健性，样本区间为
2013—2017 年，对模型进行估计，回归结果如表 7.11 所示。从表 7.11 中可以
看出，不管是知识产权行政保护还是司法保护，与产品市场竞争的调节项都为
正数且显著，回归结果与前文保持一致。

表 7.11 产品市场竞争、知识产权保护与企业创新投入（更换样本区间）

变量	（1） RDta 知识产权行政保护	（2） RDta 知识产权司法保护
PCM	0.029*** (11.42)	0.020*** (6.01)
PCM×IPP1	0.685* (1.71)	—
IPP1	0.434*** (5.72)	—
PCM×IPP2	—	0.041*** (4.92)
IPP2	—	0.014*** (8.19)
Size	−0.001*** (−2.61)	−0.001*** (−3.13)
Age	−0.002*** (−3.89)	−0.002*** (−4.07)
ROA3	0.145*** (21.98)	0.146*** (22.09)
Lev	−0.001 (−0.57)	−0.001 (−0.81)
Sub	0.228*** (12.20)	0.222*** (11.91)
Intangible	−0.028*** (−5.83)	−0.029*** (−6.11)
Tobin Q	0.001*** (3.68)	0.001*** (3.91)
GQZH	0.000 (0.55)	0.000 (0.76)

表7.11(续)

变量	（1） RDta 知识产权行政保护	（2） RDta 知识产权司法保护
Institution	0.009** （2.13）	0.008* （1.92）
Epu	−0.000 （−0.35）	0.000** （2.45）
Constant	0.024*** （5.03）	0.020*** （4.06）
年度效应	控制	控制
行业效应	控制	控制
N	6 129	6 129
Adj. R^2	0.212	0.215

注：***、**、*分别表示在1%、5%和10%的显著性水平下显著；括号内的数值为 t 值。

7.4.3 增加控制变量

为防止遗漏变量导致结果不准确，本章借鉴吴超鹏等（2016）的做法，增加表示省份特征的控制变量：各省份的人均 GDP 增长率和城镇人口比重。其中，增加各省份人均 GDP 增长率，是因为各省份的经济发展情况可能会影响企业创新投入；而各省份的城镇人口比重，可以从侧面反映该省份的整体发展情况和人口受教育情况，可能会影响到创新意识的强弱。该数据来源于国家统计局发布的《中国统计年鉴》。在增加控制变量各省份城镇人口比重（Urbanization）和各省份人均 GDP 增长率（PerGDP）之后，结果如表7.12的回归（1）、回归（2）所示，产品市场竞争与知识产权行政保护的交乘项系数为 0.677，且在10%的水平上显著；产品市场竞争与知识产权司法保护的交乘项系数为 0.031，且在1%的水平上显著，与前文保持一致，验证了研究结论的稳健性。

表7.12 产品市场竞争、知识产权保护与企业创新投入（增加控制变量回归结果）

变量	（1） RDta 行政保护	（2） RDta 司法保护
PCM	0.028*** （11.95）	0.021*** （7.35）

表7.12(续)

变量	(1) RDta 行政保护	(2) RDta 司法保护
PCM×IPP1	0.677* (1.77)	—
IPP1	0.345*** (4.47)	—
PCM×IPP2	—	0.031*** (4.63)
IPP2	—	0.009*** (6.68)
Size	−0.001*** (−3.83)	−0.001*** (−4.21)
Age	−0.002*** (−4.02)	−0.002*** (−4.20)
ROA	0.137*** (22.82)	0.136*** (22.70)
Lev	−0.000 (−0.13)	−0.000 (−0.38)
Sub	0.217*** (12.65)	0.214*** (12.51)
Intangible	−0.030*** (−6.85)	−0.030*** (−6.91)
Tobin Q	0.001*** (4.22)	0.001*** (4.27)
GQZH	0.000 (0.45)	0.000 (0.55)
Institution	0.013*** (3.49)	0.012*** (3.42)
Epu	0.000 (1.62)	0.000 (1.53)
Urbanization	0.006*** (4.20)	0.009*** (6.77)

变量	(1) RDta 行政保护	(2) RDta 司法保护
PerGDP	0.008 * (1.72)	0.007 (1.51)
Constant	0.020 *** (4.08)	0.019 *** (3.95)
年度效应	控制	控制
行业效应	控制	控制
N	7 663	7 663
Adj. R^2	0.205	0.207

注：*** 、* 分别表示在 1% 和 10% 的显著性水平下显著；括号内的数值为 t 值。

8 结论与建议

本书立足于我国制造业企业的发展现状，基于市场过程理论、创新理论、利益相关者理论、委托代理理论和融资约束理论等基础理论，从公司治理、融资方式和知识产权保护三个方面构建调节产品市场竞争对企业创新投入影响的分析框架，具体展现了产品市场竞争对企业创新投入的影响，为企业的创新投入提供了全面的分析。本书基于 2008—2017 年我国沪深 A 股制造业企业的样本数据，手工收集各省份知识产权行政保护和司法保护程度的相关数据，并进行实证研究。

8.1 研究结论

本书立足于我国制造业企业的发展现状，基于 2008—2017 年我国沪深 A 股制造业企业的样本，采用手工收集的技术专家型董事、董事长或 CEO 技术专长数据，以及手工收集的各省份知识产权行政及司法保护程度的数据，对产品市场竞争对企业创新投入的影响进行实证研究。具体来说，本书主要研究了产品市场竞争对企业创新投入的影响，并分别讨论了在公司治理作用、融资方式、知识产权保护的调节下产品市场竞争对企业创新投入的影响。本书主要结论包括以下四个方面：

8.1.1 产品市场竞争对企业创新投入的影响

总体来说，对于我国制造业企业，产品市场竞争对企业创新投入存在着显著的正向促进作用。在面临激烈的市场竞争时，企业会采取成本领先战略、差异化竞争战略，通过增加创新投入来达到实现成本领先战略和差异化竞争战略的目的，最终提高企业的市场份额和利润率。当产品市场竞争程度较低时，企业更有动力去实施差异化竞争战略；当产品市场竞争程度逐渐提高时，企业实施差异化产品战略的动力有所下降；但是当产品市场竞争程度非常高时，企业仅通过成本领先战略占领市场份额还不够，还需要配合实行差异化竞争战略来打造个性化产品，进入现有市场或开拓新的市场。因此，成本领先战略和差异化竞争战略要根据不同产品市场竞争情况配合实施。

8.1.2　公司治理影响下，产品市场竞争对企业创新投入的影响

总体来说，不同的公司治理环境会对产品市场竞争促进企业创新投入产生不同的影响。首先，在非国有企业中，产品市场竞争对企业创新投入的正向作用显著高于国有企业。其次，在高管激励方面，不论是股权激励还是货币薪酬激励都能够显著促进产品市场竞争对企业创新投入的正向影响。技术专家型董事在董事会中占比越高，产品市场竞争对企业创新投入的促进作用越强。通过进一步分析可知，当董事长或 CEO 有技术专长时，会显著促进产品市场竞争对企业创新投入的正向影响。进一步研究发现，企业的股权越集中，产品市场竞争对企业创新投入的促进作用越强。

8.1.3　不同融资方式影响下，产品市场竞争对企业创新投入的影响

总体来说，不管是企业内部资金来源还是企业外部资金来源，都能够显著促进产品市场竞争对企业创新投入的正向作用，在同等条件下，内源融资的促进作用更强。笔者把外源融资分为股权融资和债权融资，发现股权融资对于产品市场竞争促进企业创新投入的正向作用是显著的，但是债权融资的调节作用不显著。本章进一步考虑企业的异质性情况，先将制造业企业样本分为非高科技行业和高科技行业，研究发现，制造业中的非高科技企业内源融资越高，产品市场竞争的加剧会促使企业投入更多的资金到企业研发中去，而高科技企业不仅依赖于内源融资，还会吸收更多的外源融资来促进企业创新投入；再将制造业企业样本按照企业不同的财务杠杆水平分类，研究发现，当企业资产负债率较低时主要依赖于外源融资来调节产品市场竞争对企业创新投入的促进作用，当企业资产负债率较高时主要依赖于内源融资来调节产品市场竞争对企业创新投入的促进作用。

8.1.4　不同知识产权保护水平影响下，产品市场竞争对企业创新投入的影响

总体来说，一个省份的知识产权保护执法力度越大，在产品市场竞争的作用下，总部位于该省份的制造业企业创新投入越高。知识产权行政保护和司法保护都能正向影响产品市场竞争对企业创新投入的促进作用。相较于传统行

业，高科技行业对于知识产权保护调节作用更敏感；相较于其他地区，知识产权保护调节作用对东部地区影响更大。进一步分析发现，产品市场竞争对企业创新产出也有促进作用，知识产权保护对这种效应的增强存在时滞性，并且行政保护比司法保护的时滞性更长。

8.2　政策建议

结合本书的研究结果，我们提出以下政策建议：

8.2.1　营造公平良性的产品市场竞争环境

在知识经济时代，创新的重要性日益凸显，成为一家企业乃至国家发展的重要法宝。为了推进经济结构战略性调整，加强科学技术在经济发展中的应用，促进技术创新、科技进步，就要营造公平、充分、良性的产品市场竞争环境，维持市场的调节作用，打破人为的垄断经营，持续推进企业创新。创新研发投资作为一项战略性投资决策行为，是企业技术创新的重要支撑，决定了企业科研成果产出，影响了企业的创新发展和可持续发展。企业既是经济市场的主体，也是国家技术创新的主体。从这个层面上而言，要想加快国家科技兴国战略的落实，增强国家创新能力，必须从企业着手，要积极探索与企业自主创新息息相关的影响要素。企业要根据市场环境的需求以及发展变化来制定与调整创新决策，以此来确保创新活动的高效、顺利展开。

8.2.2　改善公司治理结构

首先，国有企业在国防军工、重要资源、重要通信和交通等关系国家安全的重点领域掌握着核心技术并担负着重要任务，需提升国有资本的运营效率和持续创新能力。对处于充分竞争行业和领域的商业类国有企业应深化混合所有制改革，增强国有经济的影响力、活力、竞争力和抵抗风险的能力。国有企业拥有丰富的资源，但是在产品市场竞争中，资产使用效率不足等原因导致其没有充分发挥出优势作用，对企业创新投入的重视有待提高。积极探索混合所有制改革，不仅要引入非公有资本，还要引入高效的体制机制，健全法人治理机制，推行职业经理人制度，激励国有企业发挥更多的自主性，发挥改革的效应，使得创新资源和创新能力高效融合；在产品市场竞争中，投入更多的资金在更高效率的研发中，提高整体资源配置效率。

其次，采用货币薪酬激励和股权激励有效融合的高管激励机制。对于缺乏技术创新能力的企业，高额的薪酬在一定程度上可以激发企业高管团队的创新意识；在一些任务明确、工作方法清晰的技术创新项目中，可量化的薪酬会有一定的引导作用，可以有效促使经理人的全情投入，并对团队合作有明显促进作用。股权激励方式使得高管与股东的利益共享、风险共担，使高管有权共享公司的长期收益，促使其全心全意为委托人进行公司决策，进而使高管在企业日常经营活动中更加关心企业的发展和收益，以便有效做出对企业的长期发展更为有利的创新决策。

最后，提高董事会中技术专家型董事的比例。作为技术专家型的董事，在不断提升董事会的管理监督水平的基础上，会根据实际情况给出相关建议，技术专家型董事可以运用其经验与专业知识，扩大董事会的决策范围与战略选择，制订可行的方案，将潜在战略选择打造成现实战略。同时，技术专家型董事通过对行业发展的把握，捕捉市场机遇，提高创新的成功率，并增强管理层的风险管控能力，为企业的长远发展打下基础。

8.2.3 优化融资结构，拓展融资渠道

在激烈的市场竞争下，企业需要不断地进行创新，需要稳定的资金投入，如果缺乏充足的资金支持，企业就无法持续的提高创新能力和创新效率。现阶段我国部分企业融资比较困难，融资渠道相对单一，即使这部分企业愿意进行科学技术研发占据更多的市场份额，但如果缺少资金投入，研发活动就难以顺利开展。不同企业在不同发展阶段的创新意愿和能力不同，对创新资金来源、资金规模的需求也有所不同。当前我国的融资结构和融资规模中，包括银行贷款在内的债权融资在外源融资中占据着主导地位，而股权融资的比例相对较低，但是在本书的研究中发现，股权融资对产品市场竞争促进企业创新投入有很强的正向调节作用，这部分资金来源越多，创新投入越强。因此，要持续增强多层次资本市场的融资能力，促进我国资本市场平稳健康的发展，优化社会融资结构，为企业创新投入提供稳定良好的融资服务。

8.2.4 加强知识产权保护

知识产权涵盖了科技、经济和法律因素，是三者相互影响、相互结合的产物。从法律角度上看，知识产权保护的核心在于解决知识资源的归属问题。"法规制度的生命力在于执行"，只有贯彻落实法规制度，才能够使其绽放出活力，才能赋予其意义。在法制建设过程中，要有法可依、有法必依、执法必

严、违法必究。事实证明，一旦法律失去效力，失去约束力，或者执法不严，那么法律法规也将失去存在的意义而成为"空论"，社会也将因为失去法律的约束而变得混乱。地方政府应该加快知识产权保护法律体系的建立与完善，加大法院及地方知识产权局的执法力度，加大对知识产权保护的宣传力度，为企业创造一个良好的法制环境，保障创新者权益，为企业创新提供保障，由此提高区域创新水平，最终实现以创新驱动供给侧结构性改革，以创新促进区域经济快速发展。

参考文献

鲍新中，孙晔，陶秋燕，等，2014. 竞争战略、创新研发与企业绩效的关系研究 [J]. 中国科技论坛 (6)：63-69.

蔡瑞林，陈万明，朱广华，2014. 创新模式对竞争战略、创新速度的影响研究 [J]. 中国科技论坛 (11)：25-30.

曹前有，2008. 技术创新主体市场竞争动力论 [J]. 科技管理研究 (7)：455-457.

曹文泽，王迁，2018. 中国知识产权法制四十年：历程、特征与展望 [J]. 法学 (11)：3-16.

柴才，黄世忠，叶钦华，2017. 竞争战略、高管薪酬激励与公司业绩：基于三种薪酬激励视角下的经验研究 [J]. 会计研究 (6)：45-52, 96.

陈加奎，徐宁，2018. 共享经济下知识产权如何驱动中小企业创新 [J]. 科研管理，39 (S1)：200-209.

陈胜蓝，李占婷，2017. 经济政策不确定性与分析师盈余预测修正 [J]. 世界经济，40 (7)：169-192.

陈收，潘志强，2014. 环境不确定性对竞争战略与企业绩效关系的调节效应 [J]. 中国科技论坛 (2)：57-64.

陈修德，梁彤缨，雷鹏，等，2015. 高管薪酬激励对企业研发效率的影响效应研究 [J]. 科研管理，36 (9)：26-35.

程宣启，朱军生，2015. 市场竞争对企业绿色创新影响的实证研究 [J]. 科技与经济，28 (2)：21-25, 30.

代明，殷仪金，戴谢尔，2012. 创新理论：1912—2012：纪念熊彼特《经济发展理论》首版100周年 [J]. 经济学动态 (4)：143-150.

戴泽伟，张楠，2018. 企业家精神促进资本市场发展作用机制、存在问题及治理策略：基于奥地利学派的反思 [J]. 理论探讨 (2)：112-118.

党印，鲁桐，2012. 企业的性质与公司治理：一种基于创新的治理理念

[J]. 制度经济学研究 (4)：64-91.

董晓庆，赵坚，袁朋伟，2014. 国有企业创新效率损失研究 [J]. 中国工业经济 (2)：97-108.

杜勇，张欢，陈建英，2017. 金融化对实体企业未来主业发展的影响：促进还是抑制 [J]. 中国工业经济 (12)：113-131.

段军山，庄旭东，2021. 金融投资行为与企业技术创新：动机分析与经验证据 [J]. 中国工业经济 (1)：155-173.

樊琦，韩民春，2011. 我国政府 R&D 投入、市场竞争与自主创新关系研究 [J]. 中国科技论坛 (3)：10-14.

樊钱涛，韩英华，2008. 研发团队中知识创新效率影响机制研究 [J]. 科学学研究，26 (6)：1316-1324.

冯根福，温军，2008. 中国上市公司治理与企业技术创新关系的实证分析 [J]. 中国工业经济 (7)：91-101.

龚红，骆金箭，2018. 市场竞争越激烈，创新投入越高吗？：知识产权保护的调节作用 [J]. 珞珈管理评论 (3)：68-83.

顾海峰，朱慧萍，2021. 高管薪酬差距促进了企业创新投资吗：基于中国 A 股上市公司的证据 [J]. 会计研究 (12)：107-120.

顾夏铭，陈勇民，潘士远，2018. 经济政策不确定性与创新：基于我国上市公司的实证分析 [J]. 经济研究，53 (2)：109-123.

郭春野，庄子银，2012. 知识产权保护与"南方"国家的自主创新激励 [J]. 经济研究，47 (9)：32-45.

郭田勇，孙光宇，2021. 经济政策不确定性、融资成本和企业创新 [J]. 国际金融研究 (10)：78-87.

海本禄，杨君笑，尹西明，等，2021. 外源融资如何影响企业技术创新：基于融资约束和技术密集度视角 [J]. 中国软科学 (3)：183-192.

韩剑，严兵，2013. 中国企业为什么缺乏创造性破坏：基于融资约束的解释 [J]. 南开管理评论，16 (4)：124-132.

韩雪飞，赵黎明，2018. 企业竞争、知识产权保护与创新选择：基于我国制造业企业的实证研究 [J]. 经济问题探索 (5)：38-44.

韩忠雪，崔建伟，2015. 技术高管、制度环境与技术效率 [J]. 软科学，29 (3)：33-37.

韩忠雪，崔建伟，王闪，2014. 技术高管提升了企业技术效率吗？[J]. 科学学研究，32 (4)：559-568.

何丽敏，刘海波，许可，2021. 知识产权保护对高技术企业创新投入的影响研究：新技术和新产品的中介作用 [J]. 科技管理研究，41（15）：170-177.

何强，陈松，2013. 创新发展、董事创新偏好与研发投入：基于中国制造业上市公司的经验证据 [J]. 产业经济研究（6）：99-110.

贺炎林，张瀛文，莫建明. 不同区域治理环境下股权集中度对公司业绩的影响 [J]. 金融研究，2014（12）：148-163.

贺勇，刘冬荣，2011. 融资约束、企业集团内部资金支持与 R&D 投入：来自民营高科技上市公司的经验证据 [J]. 科学学研究，29（11）：1685-1695.

何玉润，林慧婷，王茂林，2015. 产品市场竞争、高管激励与企业创新：基于中国上市公司的经验证据 [J]. 财贸经济（2）：125-135.

胡凯，吴清，胡毓敏，2012. 知识产权保护的技术创新效应：基于技术交易市场视角和省级面板数据的实证分析 [J]. 财经研究，38（8）：15-25.

胡元木，2012. 技术独立董事可以提高 R&D 产出效率吗?：来自中国证券市场的研究 [J]. 南开管理评论，15（2）：136-142.

胡元木，纪端，2017. 董事技术专长、创新效率与企业绩效 [J]. 南开管理评论，20（3）：40-52.

胡元木，刘佩，纪端，2016. 技术独立董事能有效抑制真实盈余管理吗：基于可操控创新费用视角 [J]. 会计研究（3）：29-35，95.

黄宏斌，翟淑萍，陈静楠，2016. 企业生命周期、融资方式与融资约束：基于投资者情绪调节效应的研究 [J]. 金融研究（7）：96-112.

黄继承，姜付秀，2015. 产品市场竞争与资本结构调整速度 [J]. 世界经济，38（7）：99-119.

姜付秀，张晓亮，蔡文婧，2018. CEO 的财务经历有利于缓解企业融资约束吗 [J]. 经济理论与经济管理（7）：74-87.

江轩宇，贾婧，刘琪，2021. 债务结构优化与企业创新：基于企业债券融资视角的研究 [J]. 金融研究（4）：131-149.

颉茂华，刘斯琴，杨彩霞，2016. 产品市场竞争度、竞争战略选择对成本黏性的影响研究 [J]. 产业经济研究（1）：11-19.

鞠晓生，卢荻，虞义华，2013. 融资约束、营运资本管理与企业创新可持续性 [J]. 经济研究，48（1）：4-16.

柯东昌，2012. 产品市场竞争与企业 R&D 投入强度：基于中国中小板和创业板上市公司的经验证据 [J]. 现代管理科学（12）：106-108.

柯武刚，史漫飞，2000. 制度经济学：社会秩序与公共政策 [M]. 韩朝华,译.北京:商务印书馆.

孔东民,刘莎莎,王亚男,2013.市场竞争、产权与政府补贴 [J].经济研究,48 (2):55-67.

孔东民,徐茗丽,孔高文,2017.企业内部薪酬差距与创新 [J].经济研究,52 (10):144-157.

寇宗来,高琼,2013.市场结构、市场绩效与企业的创新行为:基于中国工业企业层面的面板数据分析 [J].产业经济研究 (3):1-11,110.

雷辉,王亚男,聂珊珊,等,2015.基于财务绩效综合指数的竞争战略绩效时滞效应研究 [J].会计研究 (5):64-71,95.

雷辉,杨丹,2013.基于创新投入的企业竞争战略对绩效的影响 [J].系统工程,31 (9):114-120.

李春涛,宋敏,2010.中国制造业企业的创新活动:所有制和CEO激励的作用 [J].经济研究,45 (5):55-67.

李钢,王茜,程都,2016.市场经济条件下国有企业的功能定位:基于市场配置与政府调控融合的视角 [J].毛泽东邓小平理论研究 (9):51-56,92.

李后建,刘思亚,2015.银行信贷、所有权性质与企业创新 [J].科学学研究,33 (7):1089-1099.

李汇东,唐跃军,左晶晶.用自己的钱还是用别人的钱创新?:基于中国上市公司融资结构与公司创新的研究 [J].金融研究,2013 (2):170-183.

李健,陈传明,孙俊华,2012.企业家政治关联、竞争战略选择与企业价值:基于上市公司动态面板数据的实证研究 [J].南开管理评论,15 (6):147-157.

李健,薛辉蓉,潘镇,2016.制造业企业产品市场竞争、组织冗余与技术创新 [J].中国经济问题 (2):112-125.

李婧,2013.政府R&D资助对企业技术创新的影响:一个基于国有与非国有企业的比较研究 [J].研究与发展管理,25 (3):18-24.

李蕊,巩师恩,2013.开放条件下知识产权保护与我国技术创新:基于1997—2010年省级面板数据的实证研究 [J].研究与发展管理,25 (3):1-9.

李平,宫旭红,齐丹丹,2013.中国最优知识产权保护区间研究:基于自主研发及国际技术引进的视角 [J].南开经济研究 (3):123-138.

李诗,洪涛,吴超鹏,2012.上市公司专利对公司价值的影响:基于知识产权保护视角 [J].南开管理评论,15 (6):4-13,24.

李文贵,余明桂,2015.民营化企业的股权结构与企业创新 [J].管理世界（4）：112-125.

黎文靖，郑曼妮. 实质性创新还是策略性创新？：宏观产业政策对微观企业创新的影响 [J]. 经济研究，2016，51（4）：60-73.

李小胜，张焕明，2013. 中国地区大中型企业研发效率研究：基于贝叶斯随机前沿模型的实证分析 [J]. 中南财经政法大学学报（6）：111-117.

李彰，苏竣，2017. 政府研发资助信号功能的实证研究：基于863计划的分析 [J]. 中国软科学（2）：54-65.

李政，陆寅宏，2014. 国有企业真的缺乏创新能力吗：基于上市公司所有权性质与创新绩效的实证分析与比较 [J]. 经济理论与经济管理（2）：27-38.

梁彤缨，雷鹏，陈修德，2015. 管理层激励对企业研发效率的影响研究：来自中国工业上市公司的经验证据 [J]. 管理评论，27（5）：145-156.

廖中举，程华，2014. 企业技术创新激励措施的影响因素及绩效研究 [J]. 科研管理，35（7）：60-66.

林慧婷，何玉润，王茂林，2018. 市场化改革速度与企业R&D投入：基于中国A股非金融类上市公司的实证分析 [J]. 会计研究（8）：28-34.

林莞娟，王辉，韩涛，2016. 股权分置改革对国有控股比例以及企业绩效影响的研究 [J]. 金融研究（1）：192-206.

刘昌华，田志龙，2021. 资产专用性对企业技术创新的影响：竞争战略的中介作用 [J]. 科技管理研究，41（12）：9-15.

刘华芳，杨建君，2014. 异质股东持股、经理人激励与企业自主创新投入的实证研究 [J]. 管理学报，11（1）：79-85.

刘思明，侯鹏，赵彦云，2015. 知识产权保护与中国工业创新能力：来自省级大中型工业企业面板数据的实证研究 [J]. 数量经济技术经济研究，32（3）：40-57.

刘伟，刘星，2007. 高管持股对企业R&D支出的影响研究：来自2002—2004年A股上市公司的经验证据 [J]. 科学学与科学技术管理（10）：172-175.

刘运国，刘雯，2007. 我国上市公司的高管任期与R&D支出 [J]. 管理世界（1）：128-136.

刘振，2014. CEO年薪报酬、研发投资强度与公司财务绩效 [J]. 科研管理，35（12）：129-136.

刘振，刘博，2018. 股权集中度、管理者薪酬组合与自主创新投资 [J]. 科研管理，39（12）：95-102.

刘志铭，2003. 竞争、知识与发现：竞争性市场过程理论及其政策含义 [J]. 江海学刊（2）：65-71.

龙小宁，2018a. 中国的知识产权与创新发展：基于定量研究的讨论 [J]. 当代会计评论，11（1）：101-122.

龙小宁，林志帆，2018b. 中国制造业企业的研发创新：基本事实、常见误区与合适计量方法讨论 [J]. 中国经济问题（2）：114-135.

龙小宁，易巍，林志帆，2018. 知识产权保护的价值有多大？：来自中国上市公司专利数据的经验证据 [J]. 金融研究（8）：120-136.

卢锐，2014. 企业创新投资与高管薪酬业绩敏感性 [J]. 会计研究（10）：36-42，96.

鲁桐，党印，2014. 公司治理与技术创新：分行业比较 [J]. 经济研究，49（6）：115-128.

卢馨，郑阳飞，李建明，2013. 融资约束对企业 R&D 投资的影响研究：来自中国高新技术上市公司的经验证据 [J]. 会计研究（5）：51-58，96.

陆正飞，胡诗阳，2015. 股东—经理代理冲突与非执行董事的治理作用：来自中国 A 股市场的经验证据 [J]. 管理世界（1）：129-138.

栾强，罗守贵，2017. R&D 资助、企业创新和技术进步：基于国有企业与民营企业对比的实证研究 [J]. 科学学研究，35（4）：625-632.

罗进辉，向元高，林筱勋，2018. 本地独立董事监督了吗？：基于国有企业高管薪酬视角的考察 [J]. 会计研究（7）：57-63.

吕峻，胡洁，2021. 企业创新融资理论和实证研究综述 [J]. 北京工业大学学报（社会科学版），21（3）：80-94.

马光荣，刘明，杨恩艳，2014. 银行授信、信贷紧缩与企业研发 [J]. 金融研究（7）：76-93.

马治国，秦倩，2019. 中美贸易摩擦背景下中国区域知识产权保护环境的评价与优化 [J]. 西安交通大学学报（社会科学版），39（5）：29-38.

毛新述，周小伟. 政治关联与公开债务融资 [J]. 会计研究，2015（6）：26-33，96.

孟庆斌，师倩，2017. 宏观经济政策不确定性对企业研发的影响：理论与经验研究 [J]. 世界经济，40（9）：75-98.

聂辉华，谭松涛，王宇锋，2008. 创新、企业规模和市场竞争：基于中国企业层面的面板数据分析 [J]. 世界经济（7）：57-66.

潘越，潘健平，戴亦一，2016. 专利侵权诉讼与企业创新 [J]. 金融研究

（8）：191-206.

潘镇，李云牟，李健，2017. 总经理掌控力、董事长：总经理垂直对特征与创新持续性 [J]. 经济管理，39（9）：82-99.

彭俞超，韩珣，李建军，2018. 经济政策不确定性与企业金融化 [J]. 中国工业经济（1）：137-155.

饶品贵，徐子慧，2017. 经济政策不确定性影响了企业高管变更吗？[J]. 管理世界（1）：145-157.

任海云，聂景春，2018. 企业异质性、政府补助与 R&D 投资 [J]. 科研管理，39（6）：37-47.

任娟，陈圻，2012. 竞争战略、技术效率与公司绩效：来自中国制造业上市公司的经验证据 [J]. 经济经纬（5）：73-76.

沈红波，潘飞，高新梓，2012. 制度环境与管理层持股的激励效应 [J]. 中国工业经济（8）：96-108.

石盛林，陈圻，2011. 竞争战略演化技术创新的影响：以江苏民营制造企业为例 [J]. 技术经济与管理研究（11）：117-120.

史宇鹏，顾全林，2013. 知识产权保护、异质性企业与创新：来自中国制造业的证据 [J]. 金融研究（8）：136-149.

石璋铭，谢存旭，2015. 银行竞争、融资约束与战略性新兴产业技术创新 [J]. 宏观经济研究（8）：117-126.

孙菁，李琳，2018. 混合股权、产品市场竞争与企业技术创新 [J]. 科学决策（2）：1-21.

孙文杰，沈坤荣，2009. 人力资本积累与中国制造业技术创新效率的差异性 [J]. 中国工业经济（3）：81-91.

孙自愿，潘奕文，陈允晗，2021. 高管薪酬激励、内部控制质量与技术创新动态能力 [J]. 中国矿业大学学报（社会科学版），23（2）：88-101.

谭洪涛，袁晓星，杨小娟，2016. 股权激励促进了企业创新吗？：来自中国上市公司的经验证据 [J]. 研究与发展管理，28（2）：1-11.

唐保庆，邱斌，孙少勤，2018. 中国服务业增长的区域失衡研究：知识产权保护实际强度与最适强度偏离度的视角 [J]. 经济研究，53（8）：147-162.

唐清泉，徐欣，曹媛，2009. 股权激励、研发投入与企业可持续发展：来自中国上市公司的证据 [J]. 山西财经大学学报，31（8）：77-84.

唐清泉，甄丽明，2009. 管理层风险偏爱、薪酬激励与企业 R&D 投入：基于我国上市公司的经验研究 [J]. 经济管理，31（5）：56-64.

唐跃军，左晶晶，2014. 所有权性质、大股东治理与公司创新 [J]. 金融研究 (6)：177-192.

田轩，2018. 创新的资本逻辑：用资本视角思考创新的未来 [M]. 北京：北京大学出版社.

田轩，孟清扬，2018. 股权激励计划能促进企业创新吗 [J]. 南开管理评论，21 (3)：176-190.

王刚刚，谢富纪，贾友，2017. R&D 补贴政策激励机制的重新审视：基于外部融资激励机制的考察 [J]. 中国工业经济 (2)：60-78.

王海成，吕铁，2016. 知识产权司法保护与企业创新：基于广东省知识产权案件"三审合一"的准自然试验 [J]. 管理世界 (10)：118-133.

王红建，李茫茫，汤泰劼，2016. 实体企业跨行业套利的驱动因素及其对创新的影响 [J]. 中国工业经济 (11)：73-89.

王华，2011. 更严厉的知识产权保护制度有利于技术创新吗？ [J]. 经济研究，46 (S2)：124-135.

王娟，孙早，2014. 股权融资是否抑制了上市公司的创新投入：来自中国制造业的证据 [J]. 现代财经（天津财经大学学报），34 (8)：56-66.

王俊，2010. 生态视角下经济学的路径选择 [J]. 理论学刊 (10)：31-34.

王莉，席芳芳，庄玉梅，2019. 实施股权激励能促进企业创新吗？：基于高新技术企业的实证检验 [J]. 商业会计 (14)：15-19.

王满四，徐朝辉，2018. 银行债权、内部治理与企业创新：来自 2006—2015 年 A 股技术密集型上市公司的实证分析 [J]. 会计研究 (3)：42-49.

王姝勋，方红艳，荣昭，2017. 期权激励会促进公司创新吗？：基于中国上市公司专利产出的证据 [J]. 金融研究 (3)：176-191.

王廷惠，2005. 市场过程理论的过程竞争：与新古典经济学完全竞争的对比 [J]. 上海经济研究 (1)：17-30.

王廷惠，2008. 均衡、非均衡及"错误"的现实意义：市场过程的视角 [J]. 财经研究 (4)：127-136.

王文华，张卓，季小立，2014. 高管持股与研发投资：利益趋同效应还是管理防御效应？：基于高新技术上市公司的实证研究 [J]. 研究与发展管理，26 (4)：23-31.

王文娜，刘戒骄，2020. 高管薪酬激励、产业补贴政策与颠覆性技术创新 [J]. 中国科技论坛 (8)：43-51.

王雪莉，马琳，王艳丽，2013. 高管团队职能背景对企业绩效的影响：以中国信息技术行业上市公司为例［J］. 南开管理评论, 16（4）: 80-93.

汪延明, 李维安, 2014. 产业链董事会协同能力的影响因素研究［J］. 管理评论, 26（6）: 151-162.

王营, 张光利, 2018. 董事网络和企业创新: 引资与引智［J］. 金融研究（6）: 189-206.

文芳, 胡玉明, 2009. 中国上市公司高管个人特征与 R&D 投资［J］. 管理评论, 21（11）: 84-91, 128.

温军, 冯根福, 2012. 异质机构、企业性质与自主创新［J］. 经济研究, 47（3）: 53-64.

吴超鹏, 唐菂, 2016. 知识产权保护执法力度、技术创新与企业绩效: 来自中国上市公司的证据［J］. 经济研究, 51（11）: 125-139.

吴昊旻, 杨兴全, 魏卉, 2012. 产品市场竞争与公司股票特质性风险: 基于我国上市公司的经验证据［J］. 经济研究（6）: 101-115.

吴延兵, 2012. 中国哪种所有制类型企业最具创新性?［J］. 世界经济, 35（6）: 3-25, 28-29, 26-27.

肖海莲, 唐清泉, 周美华, 2014. 负债对企业创新投资模式的影响: 基于 R&D 异质性的实证研究［J］. 科研管理, 35（10）: 77-85.

肖利平, 2016. 公司治理如何影响企业研发投入?: 来自中国战略性新兴产业的经验考察［J］. 产业经济研究（1）: 60-70.

谢家智, 刘思亚, 李后建, 2014. 政治关联、融资约束与企业研发投入［J］. 财经研究, 40（8）: 81-93.

解维敏, 2018. 业绩薪酬对企业创新影响的实证研究［J］. 财贸经济, 39（9）: 141-156.

解维敏, 魏化倩, 2016. 市场竞争、组织冗余与企业研发投入［J］. 中国软科学（8）: 102-111.

辛清泉, 谭伟强, 2009. 市场化改革、企业业绩与国有企业经理薪酬［J］. 经济研究, 44（11）: 68-81.

熊艳, 2014. 民营金字塔结构、产品竞争市场与企业创新投入［J］. 软科学, 28（8）: 17-20, 41.

徐宝达, 赵树宽, 2017. 融资约束与国有股权对竞争与创新的调节作用［J］. 中国科技论坛（5）: 151-157.

徐长生, 王晶晶, 汪海, 2008. 竞争程度、市场规模与创新: 一个基于联立方程模型的中国经验研究［J］. 华中科技大学学报（社会科学版）（4）: 59-64.

徐飞，2019. 银行信贷与企业创新困境 [J]. 中国工业经济（1）：119-136.

徐虹，林钟高，芮晨，2015. 产品市场竞争、资产专用性与上市公司横向并购 [J]. 南开管理评论，18（3）：48-59.

徐璐，叶光亮，2018. 竞争政策与跨国最优技术授权策略 [J]. 经济研究，53（2）：95-108.

徐晓萍，张顺晨，许庆，2017. 市场竞争下国有企业与民营企业的创新性差异研究 [J]. 财贸经济，38（2）：141-155.

许永斌，万源星，2019. 技术独立董事与家族企业技术创新行为：对独立董事制度的有效性检验 [J]. 宏观经济研究（3）：110-120.

徐悦，刘运国，蔡贵龙，2018. 高管薪酬黏性与企业创新 [J]. 会计研究（7）：43-49.

杨道广，陈汉文，刘启亮，2017. 媒体压力与企业创新 [J]. 经济研究，52（8）：125-139.

杨林，段牡钰，刘娟，等，2018. 高管团队海外经验、研发投入强度与企业创新绩效 [J]. 科研管理，39（6）：9-21.

杨若愚，2016. 市场竞争、政府行为与区域创新绩效：基于中国省级面板数据的实证研究 [J]. 科研管理，37（12）：73-81.

杨兴全，齐云飞，曾义，2015. 融资约束、资本投资与公司现金持有竞争效应 [J]. 审计与经济研究，30（3）：30-38.

姚利民，饶艳，2009. 中国知识产权保护地区差异与技术引进的实证研究 [J]. 科学学研究，27（8）：1177-1184.

姚耀军，董钢锋，2013. 金融发展、金融结构与技术进步：来自中国省级面板数据的经验证据 [J]. 当代财经（11）：56-65.

叶光亮，2016. 竞争政策：公平竞争市场环境的基础保障 [J]. 中国价格监管与反垄断（S1）：50-54.

尹志锋，叶静怡，黄阳华，等，2013. 知识产权保护与企业创新：传导机制及其检验 [J]. 世界经济，36（12）：111-129.

余长林，王瑞芳，2009. 发展中国家的知识产权保护与技术创新：只是线性关系吗？[J]. 当代经济科学，31（3）：92-100，127.

余明桂，郝博，张江涛，2015. 金融市场化、融资约束和民营企业创新 [J]. 珞珈管理评论（1）：122-137.

于洋，王宇，2021. 知识产权保护与企业创新活动：基于 A 股上市公司创新"量"和"质"的研究 [J]. 软科学, 35 (9): 47-52, 67.

袁博, 刘文兴, 张鹏程, 2014. 知识产权保护能力对重大科研项目技术创新影响的权变模型 [J]. 系统工程理论与实践, 34 (11): 2965-2973.

袁建国, 程晨, 后青松, 2015. 环境不确定性与企业技术创新: 基于中国上市公司的实证研究 [J]. 管理评论, 27 (10): 60-69.

曾铖, 郭兵, 2014. 产权性质、组织形式与技术创新绩效: 来自上海微观企业数据的经验研究 [J]. 科学学与科学技术管理, 35 (12): 128-139.

张标, 2013. 股权分置改革与公司投资: 基于融资约束理论的实证分析 [J]. 经济与管理研究 (5): 99-111.

张斌, 王跃堂, 2014. 业务复杂度、独立董事行业专长与股价同步性 [J]. 会计研究 (7): 36-42, 96.

张长征, 吕悦凡. 经理自主权与公司 R&D 投入关系的实证研究: 股权集中度的调节效应 [J]. 软科学, 2017, 31 (9): 110-114.

张传财, 陈汉文. 产品市场竞争、产权性质与内部控制质量 [J]. 会计研究, 2017 (5): 75-82, 97.

张建君, 张闫龙, 2016. 董事长—总经理的异质性、权力差距和融洽关系与组织绩效: 来自上市公司的证据 [J]. 管理世界 (1): 110-120, 188.

张杰, 芦哲, 郑文平, 等, 2012. 融资约束、融资渠道与企业 R&D 投入 [J]. 世界经济, 35 (10): 66-90.

张杰, 郑文平, 翟福昕, 2014. 竞争如何影响创新: 中国情景的新检验 [J]. 中国工业经济 (11): 56-68.

张劲帆, 李汉涯, 何晖, 2017. 企业上市与企业创新: 基于中国企业专利申请的研究 [J]. 金融研究 (5): 160-175.

张岭, 2020. 股权与债权融资对技术创新绩效的影响研究 [J]. 科研管理, 41 (8): 95-104.

张三保, 张志学, 2012. 区域制度差异, CEO 管理自主权与企业风险承担: 中国 30 省高技术产业的证据 [J]. 管理世界 (4): 101-114, 188.

张璇, 刘贝贝, 汪婷, 等, 2017. 信贷寻租、融资约束与企业创新 [J]. 经济研究, 52 (5): 161-174.

张一林, 龚强, 荣昭, 2016. 技术创新、股权融资与金融结构转型 [J]. 管理世界 (11): 65-80.

章钰, 2010. 基于技术创新的成本领先战略实施的案例研究 [J]. 企业经济 (4): 40-42.

张源媛，兰宜生，2014. 知识产权保护、技术溢出与中国经济增长：基于东部、中部和西部面板数据的检验 [J]. 当代经济研究 (7)：26-31.

张源媛，仇晋文，2013. 知识产权保护与国际 R&D 溢出实证研究 [J]. 世界经济研究 (1)：35-40，88.

赵纯祥，张敦力，2013. 市场竞争视角下的管理者权力和企业投资关系研究 [J]. 会计研究 (10)：67-74，97.

赵兴庐，刘衡，张建琦，2014. 市场化程度的感知、产权制度与企业创新精神：国有和民营企业的比较研究 [J]. 南方经济 (5)：25-41.

赵子夜，杨庆，陈坚波，2018. 通才还是专才：CEO 的能力结构和公司创新 [J]. 管理世界，34 (2)：123-143.

郑兵云，李邃，2011. 竞争战略、创新选择与企业绩效 [J]. 科研管理，32 (4)：59-68.

郑建明，许晨曦，李金甜，2016. 环境规制、产品市场竞争与企业研发投入 [J]. 财务研究 (6)：25-38.

钟凯，程小可，肖翔，等，2017. 宏观经济政策影响企业创新投资吗：基于融资约束与融资来源视角的分析 [J]. 南开管理评论，20 (6)：4-14，63.

钟腾，汪昌云，2017. 金融发展与企业创新产出：基于不同融资模式对比视角 [J]. 金融研究 (12)：127-142.

周开国，卢允之，杨海生，2017. 融资约束、创新能力与企业协同创新 [J]. 经济研究，52 (7)：94-108.

周黎安，罗凯，2005. 企业规模与创新：来自中国省级水平的经验证据 [J]. 经济学（季刊），4 (3)：62-77.

周铭山，张倩倩，杨丹，2017. 创业板上市公司创新投入与市场表现：基于公司内外部的视角 [J]. 经济研究，52 (11)：135-149.

周文，包炜杰，2019. 再论中国特色社会主义市场经济体制 [J]. 经济学家 (3)：17-25.

朱波，马永谈，陈德然，2018. 债务融资方式对行业金融风险溢出效应的作用机制 [J]. 财经科学 (1)：15-27.

朱焱，王广，2017. 技术型高管权力与非技术型高管权力对企业绩效的影响：来自中国 A 股上市高新技术企业的实证检验 [J]. 会计研究 (12)：73-79，97.

庄佳强，王浩，张文涛，2020. 强化知识产权司法保护有助于企业创新吗：来自知识产权法院设立的证据 [J]. 当代财经 (9)：16-27.

ABOODY D, LEV B, 2000. Information asymmetry, R&D, and insider gains [J]. The journal of finance, 55 (6): 230-239.

ACEMOGLU D, CAO D V, 2015. Innovation by entrants and incumbents [J]. Journal of economic theory, 157 (3): 255-294.

ADLER P S, FERDOWS K, 1990. The chief technology officer [J]. California management rview, 32 (3): 55-62.

AGHION P, BLOOM N, BLUNDELL R, et al., 2005. Competition and innovation: an inverted-U relationship [J]. Quarterly journal of economics, 120 (2): 701-728.

AGHION P, HOWITT P, 1992. A model of growth through creative destruction [J]. Econometrica, 60 (2): 323-351.

AKERLOF G, 1972. The market for "Lemons": quality uncertainty and the market mechanism [J]. The quarterly journal of economics, 84 (3): 488-500.

ALLEN R S, MARILYN M, SAMUEL A, 2006. Critical tactics for implementing Porter's generic strategies [J]. Journal of business strategy, 27 (1): 43-53.

ALLRED B B, PARK W G, 2007. The influence of patent protection on firm innovation investment in manufacturing industries [J]. Journal of international management, 13 (2): 91-109.

ANG J B, 2010. Financial reforms, patent protection, and knowledge accumulation in India [J]. World development, 38 (8): 1070-1081.

ARMSTRONG C S, VASHISHTHA R, 2012. Executive stock options, differential risk-taking incentives, and firm value [J]. Journal of financial economics, 104 (1): 1020-1030.

ARROW K J, 1962. The economic implications of learning by doing [J]. The review of economic studies, 29 (3): 155-173.

BAI C E, LU J, TAO Z, 2006. Property rights protection and access to bank loans [J]. Economics of transition, 14 (4): 611-628.

BARNEY J, 1991. Firm resources and sustained competitive advantage [J]. Journal of management, 17 (1) : 99-120.

BELLOC F, 2012. Corporate governance and innovation: a survey [J]. Journal of economic surveys, 26 (5): 835-864.

BERLE A, MEANS G, 1932. The modern corporation and private property [M]. New York: Macmillan.

BHATTACHARYA S, JAY R. RITTER, 1983. Innovation and communication: Signalling with Partial disclosure [J]. The review of economic studies, 50 (2): 78-86.

BLUNDELL R, GRIFFITH R, REENEN J V, 1999. Market share, market value and innovation in a panel of british manufacturing firms [J]. Review of economic studies, 66 (3): 529-554.

BONDT R D, VANDEKERCKHOVE J, 2012. Reflections on the relation between competition and innovation [J]. Journal of industry competition and trade, 12 (1): 7-9.

BOONE J, 2001. Intensity of competition and the incentive to innovate [J]. International journal of industrial organization, 19 (5): 705-726.

BROWN J R, FAZZARI S M, PETERSEN B C, 2009. Financing innovation and growth [J]. The journal of finance, 64 (1): 151-185.

BROWN J R, PETERSEN B C, 2011. Cash holdings and R&D smoothing [J]. Journal of corporate finance, 17 (3): 694-709.

CHEMMANUR J C, LOUTSKINA E, TIAN X, 2014. Corporate venture capital, value creation, and innovation [J]. The review of financial studies, 27 (8): 43-56.

CHEN Y, SCHWARTZ M, 2013. Product innovation incentives: monopoly vs. competition [J]. Journal of economics & management strategy, 22 (3): 513-528.

CHENG S J, 2004. R&D expenditures and CEO compensation [J]. The accounting review, 79 (2): 172-189.

CHIAO C, 2002. Relationship between debt, R&D and physical investment, evidence from US firm-level data [J]. Applied financial economics, 12 (2): 77-101.

CLAESSENS S, LAEVEN L, 2003. Financial development, property rights, and growth [J]. The journal of finance, 58 (6): 32-45.

COLES J L, DANIEL N D, NAVEEN L, 2004. Managerial incentives and risk-taking [J]. Journal of financial economics, 79 (2): 112-130.

COOPER R G, 1976. Introducing successful new industrial products. [J]. European journal of marketing, 10 (6): 301-329.

CORNAGGIA J, MAO Y F, TIAN X, et al., 2015. Does banking competition affect innovation? [J]. Journal of Financial Economics, 115 (1): 189-209.

CRÉPON B, DUGUET E, MAIRESSEC J, 1998. Research, innovation and productivity: an econometric analysis at the firm level [J]. Economics of innovation and new technology, 7 (2): 115-158.

CULBERTSON J D, MUELLER W F, 1985, The influence of market structure on technological performance in the food-manufacturing industries [J]. Review of industrial organization, 2 (1): 40-54.

DAVID P, O'BRIEN J P, YOSHIKAWA T, 2008. The implications of debt heterogeneity for R&D investment and firm performance [J]. The academy of management journal, 51 (1): 70-81.

DIXIT A, 1980. The role of investment in entry-deterrence [J]. The economic journal, 90 (3): 95-106.

FAGERBERG, J, VERSPAGEN B, 2009. Innovation studies – the emerging structure of a new scientific field [J]. Research policy: a journal devoted to research policy, research management and planning, 38 (2): 212-227.

FAMA E, 1980. Agency problems and the theory of the firm [J]. Journal of political economy, 88 (2): 180-189.

FANG L H, LERNER J, WU C, 2017. Intellectual property rights protection, ownership, and innovation: evidence from China [J]. The review of financial studies, 30 (7): 2446-2477.

FANG V W, TIAN X, TICE S, 2014. Does stock liquidity enhance or impede firm innovation? [J]. The journal of finance, 69 (5): 121-130.

FAZZARI S M, HUBBARD R G, PETERSEN B C, 1988. Financing constraints and corporate investment [J]. Brookings papers on economic activity, (1): 141-195.

FÉLIX J L I, LÓPEZ-MILLÁN E J, 2017. Institutional framework, corporate ownership structure, and R&D investment: an international analysis [J]. R&D Management, 47 (1): 141-157.

GANGOPADHYAY K, MONDAL D, 2012. Does stronger protection of intellectual property stimulate innovation? [J]. Economics letters, 116 (1), 80-82.

GILBERT R J, NEWBERY D M, 1982, Preemptive patenting and the persistence of monopoly [J]. American economic review, 72 (3): 514-526.

GREENWALD B, JOSEPH E S, WEISS A, 1984. Informational imperfections in the capital market and macroeconomic fluctuations [J]. The American economic review, 74 (2): 111-127.

GRIFFITH R, HARRISON R, SIMPSON H, 2006. Product market reform and innovation in the EU [J]. Scandinavian journal of economics, 112 (2): 389-415.

GROSSMAN S, 1976. On the efficiency of competitive stock markets where trades have diverse information [J]. Journal of finance (1): 573-585.

GU L, 2016. Product market competition, R&D investment, and stock returns [J]. Journal of financial economics, 119 (2): 340-353.

HAEUSSLER C, HARHOFF D, MUELLER E, 2009. To be financed or not - the role of patents for venture capital financing [J]. ZEW discussion paper (2): 9-33.

HALL B, 2002. The financing of research and development [J]. Oxford review of economic policy (18): 35-51.

HALL B H, 2004. Exploring the patent explosion [J]. The journal of technology transfer, 30 (1-2): 170-180.

HALL B H, LERNER J, 2010. The financing of R&D and innovation [J]. Handbook of the economics of innovation (1): 609-639.

HAMBRICK D C, MACMILLAN I C, 1984. Asset parsimony: managing assets to manage profits [J]. Sloan management review, 25 (2): 67-74.

HASHMI A R, 2013. Competition and innovation: the inverted-U relationship revisited [J]. Review of economics and statistics, 95 (5): 1653-1668.

HAUSMAN J, HALL B H, GRILICHES Z, 1984. Econometric models for count data with an application to the patents-R&D relationship [J]. Econometrica, 52 (4): 113-121.

HAYNES K T, HILLMAN A, 2010. The effect of board capital and CEO power on strategic change [J]. Strategic management journal, 31 (11): 1145-1163.

HE J J, TIAN X, 2013. The dark side of analyst coverage: the case of innovation [J]. Journal of financial economics, 109 (3): 856-878.

HELPMAN E, 1993. Innovation, imitation, and intellectual property rights [J]. Econometrica, 61 (6): 1247-1280.

HIMMELBERG C P, PETERSEN B C, 1994. R&D and internal finance: a panel study of small firms in high-tech industries [J]. Review of economics and statistics, 76 (1): 207-219.

HOLMSTROM B, 1989. Agency costs and innovation [J]. Journal of economic behavior & organization, 12 (3): 77-89.

HORII R, IWAISAKO T, 2007. Economic growth with imperfect protection of intellectual property rights [J]. Journal of economics, 90: 45-85.

HU M, MATHEWS J A, 2008. China's national innovative capacity [J]. Research policy, 37 (9): 123-135.

HUBBARD R G, 1998. Capital market imperfections and investment [J]. Journal of economic literature, 36 (1): 193-227.

JEFFERSON G H, HUAMAO B, XIAOJING G, et al., 2006. R&D performance in Chinese industry [J]. Economics of innovation and new technology, 15 (4-5): 45-52.

JENSEN M C, MECKLING W H, 1976. Theory of the firm: managerial behavior, agency costs and ownership structure [J]. Journal of financial economics, 3 (4): 305-360.

KIM E H, LU Y, 2011. CEO ownership, external governance, and risk-taking [J]. Journal of financial economics, 102 (2): 70-81.

KIM Y K, LEE K, PARK W G, et al., 2011. Appropriate intellectual property protection and economic growth in countries at different levels of development [J]. Research policy, 41 (2): 212-231.

KRAMMER S, 2009. Drivers of national innovation in transition: evidence from a panel of eastern european countries [J]. Research policy, 38 (5): 845-860.

LERNER J, WULF J, 2007. Innovation and incentives: evidence from corporate R&D [J]. The review of economics and statistics, 89 (4): 51-57.

LEVINE R, 1997. Financial development and economic growth: views and agenda [J]. Journal of economic literature, 35 (2): 111-118.

LEVINE R, 2002. Bank-based or market-based financial systems: which is better? [J]. Journal of financial intermediation, 11 (4): 44-51.

LEVINE R, 2005. Finance and growth: theory and evidence [J]. Handbook of economic growth (1): 865-934.

LI J T, TANG Y, 2010. CEO hubris and firm risk taking in China: The moderating role of managerial discretion [J]. Academy of management journal, 53 (1): 45-68.

LI Y, GUO H. YI Y, 2010. Ownership concentration and product innovation in Chinese firms: the mediating role of learning orientation [J]. Management and organization review, 6 (1): 57-70.

LIN C, LIN P, FRANK M S, et al., 2011. Managerial incentives, CEO characteristics and corporate innovation in China's private sector [J]. Journal of comparative economics, 39 (2): 121-125.

LO S, 2011. Strengthening intellectual property rights: experience from the 1986 taiwanese patent reforms [J]. International journal of industrial organization, 29 (5): 524-536.

MANSFIELD E, 1968. Industrial research and technological innovation: an econometrics analysis [M]. New York: Norton.

MANSO G, 2011. Motivating innovation [J]. The journal of finance, 66 (5): 41-53.

MARTIN R, CASSON P D, NISAR T M, 2007. Investor engagement: investors and management practice under shareholder value [M]. New York: Oxford University Press.

MCNULTY P J, 1968. Economic theory and the meaning of competition [J]. The quarterly journal of economics, 82 (4): 145-162.

MEDCOF J W, 2008. The organizational influence of the chief technology officer [J]. R&D management, 38 (4): 203-211.

MIKKELSON W H, PARTCH M M, 2003. Do persistent large cash reserves hinder performance? [J]. Journal of financial and quantitative analysis, 38 (2): 88-97.

MILES R E, SNOW C C, MEYER A D, et al., 1978. Organizational strategy, structure, and process [J]. Academy of management review. academy of management, 3 (3): 230-235.

MINTZBERG H, 1988. Generic strategies: toward a comprehensive framework [J]. Advances in strategic management, 5 (1): 1-67.

MODIGLIANI F, MILLER M, 1958. The cost of capital, corporation finance, and the theory of investment [J]. American economic review, 48 (3): 261-297.

MYERS S C, 1984. The capital structure puzzle [J]. The journal of finance, 39 (3): 89-97.

MYERS S C, MAJLUF N S, 1984. Corporate financing and investment decisions when firms have information that investors do not have [J]. Journal of financial economics, 13 (2): 187-221.

NELSON R R, 1959. The simple economics of basic scientific research [J]. Journal of political economy, 67 (3): 103-120.

NELSON R R, 1993. National systems of innovation: a comparative study [M]. New York: Oxford University Press.

NICKELL S J, 1996. Competition and corporate performance [J]. Journal of political economy, 104 (4): 724-746.

O'CONNOR G C, DEMARTINO R, 2006. Organizing for radical innovation: an exploratory study of the structural aspects of RI management systems in large established firms [J]. Journal of product innovation management, 23 (6): 435-452.

O'CONNOR M, RAFFERTY M, 2012. Corporate governance and innovation [J]. Journal of financial and quantitative analysis, 47 (2): 397-413.

O'DONOGHUE T, ZWEIMULLER J, 2004. Patents in a model of endogenous growth [J]. Journal of economic growth, 9 (1): 230-237.

OKADA Y, 2005. Competition and productivity in japanese manufacturing industries [J]. Journal of the japanese and international economies, 19 (4) : 586-616.

O'REGAN N, GHOBADIAN A, 2005. Innovation in SMEs: the impact of strategic orientation and environmental perceptions [J]. International journal of productivity and performance management, 54 (2): 111-127.

PERESS J, 2010. Product market competition, Insider trading, and stock market efficiency [J]. The journal of finance, 65 (1): 1-43.

PERTUSA-ORTEGA E M, MOLINA-AZORIN J F, CLAVER-CORTES E, 2009. Competitive strategies and firm performance: a comparative analysis of pure, hybrid and 'stuck-in-the-middle' strategies in spanish firms [J]. British journal of management. 20 (4): 508-523.

PFEFFER J, 1972. Size and composition of corporate boards of directors: the organization and its environment [J]. Administrative science quarterly, 17: 218-228.

PORTER M E, 1980. Competitive strategy: techniques for analyzing industries and competitors [M]. New York: The Free Press.

PORTER M E, 1990. The Competitive Advantage of Nations [M]. New York: Free Press.

RAJAN R G, ZINGALES L, 1998. Financial dependence and growth [J]. The American economic review, 88 (3): 99-110.

RAJAN R G, ZINGALES L, 2001. Financial systems, industrial structure, and growth ［J］. Oxford review of economic policy, 17（4）: 70-88.

ROBERTS E B, 2001. Benchmarking global strategic management of technology ［J］. Research technology management,（2）: 25-39.

SCHERER F M, 1967. Research and development resource allocation under rivalry ［J］. The quarterly journal of economics, 81（3）: 359-394.

SCHNEIDER P H, 2005. International trade, economic growth and intellectual property rights: a panel data study of developed and developing countries ［J］. Journal of development economics, 78（2）: 529-547.

SCHUMPETER J, 1912. The theory of economics development ［M］. Cambridge: Harvard University Press.

SCHUMPETER J A, 1942. Capitalism, socialism and democracy ［M］. New York: Goerge Allen & Unwin.

SIMON H A, 1979. Rational decision making in business organizations ［J］. American economic review, 69: 493-512.

SOLOW, R. M, 1956. A contribution to the theory of economic growth ［J］. Quarterly journal of economics, 70（1）: 65-94.

SORESCU A B, CHANDY R K, PRABHU J C, 2003. Sources and financial consequences of radical innovation: insights from pharmaceuticals ［J］. Journal of marketing, 67（4）: 91-120.

SPANOS Y E, ZARALIS G, LIOUKAS S, 2004. Strategy and industry effects on profitability: evidence from greece ［J］. Strategy management journal, 25（2）: 7-30.

STIGLER G J, 1958. The economies of scale ［J］. Journal of law and economics, 1（1）: 54-71.

STIGLITZ J E, 1985. Credit markets and the control of capital ［J］. Journal of money, credit and banking, 17（2）: 231-245.

STIGLITZ J E, WEISS A, 1981. Credit rationing in markets with imperfect information ［J］. American economic review, 71（3）: 393-410.

SUZUKI Y, 2009. Chief technology officer's views and behaviors in the dual innovation management system. Research technology management,（3）: 121-127.

TANG J M, 2005. Competition and innovation behaviour ［J］. Research policy, 35（1）: 18-32.

TIAN X, WANG T Y, 2014. Tolerance for failure and corporate innovation ［J］. The review of financial studies, 27（1）: 51-73.

TIETZE F, HERSTATT C, LORENZEN P, 2007. The role of the chief technology officer: responsibilities, skills and qualifications and organizational integration [J]. Social science electronic publishing, 32 (3) : 55-62.

TOSI H L, WERNER S, KATZ J P, et al., 2000. How much does performance matter? A meta-analysis of CEO pay studies [J]. Journal of management, 26 (2): 301-339.

UEDA M, 2004. Banks versus venture capital: project evaluation, screening, and expropriation [J]. Journal of Finance, 59: 601-621.

WEI S J, XIE Z, ZHANG X B, 2017. From "Made in China" to "Innovated in China": necessity, prospect, and challenges [J]. The journal of economic perspectives, 31 (1): 111-124.

WILLIAMSON O E, 1984. Corporate governance [J]. Yale law journal, 93 (7): 1197-1230.